ポル・ポトと三人の男

永瀬一哉

揺籃社

はじめに

本書は次の三部で構成される。
第一部　「ポル・ポトに感謝する男――コン・デュオン」
第二部　「ポル・ポトの処刑を見た男――リム・サローム」
第三部　「ポル・ポトを潰した男――イー・チエン」

第一部「ポル・ポトに感謝する男」の主人公はコン・デュオン氏。彼へのインタビューはこれで九回目となった。朝九時に始め、終了は夕方五時という長いインタビューとなった。聞き取るテーマはポル・ポトの「心理戦」である。コン・デュオン氏はポル・ポトの反政府ラジオのアナウンサーであった。従って、ポル・ポトの「もう一つの戦争」である「ラジオによる心理戦」について熟知している。第一部は、それをまとめたものである。

第二部「ポル・ポトの処刑を見た男」の主人公はリム・サローム氏。彼には都合五回インタビューした。虐殺現場で二回、彼の自宅で一回、通訳宅で一回、ホテルで一回である。各回おおよそ半日を要した。彼はポル・ポト政権下でなされた処刑のアシスタントを強いられた。第二部は、その異常な体験をまとめたものである。

このタイトルは正確に言うなら、「ポル・ポト派の処刑を見た男」である。ポル・ポト自身が行う処刑を見た訳ではない。とはいえ、ポル・ポトを首相とする体制下でなされた処刑を目の当たりにしたのだから、こう言っても間違いではないだろう。もし単独の原稿であったなら「派」を付けたところだが、ここは他の二部のタイトルに合わせた。

第三部「ポル・ポトを潰した男」の主人公はイー・チエン氏。インタビュー当時パイリン市長で公務繁多の中、朝九時に市庁舎の市長室で聞き取りを始め、途中、自宅に移り昼食のもてなしを受け、その食事中も色々話を聞いた。結局四時間ぐらいのインタビューとなった。その間、彼の携帯電話は何度も鳴った。多忙の身で四時間も空けるのは大変なことだっただろう。

ところで、この第三部にはもう一人、イー・チエン氏の側近サウ・サラット氏の証言も欠かせない。同氏には約二時間、話を伺った。

この第三部は、文字通り、ポル・ポトに引導を渡した男の話である。彼の行動がポル・ポト派を潰す引き金となった。イー・チエン氏自身、ここまで詳細に第三者に語ったのは初めてということだから、今後のカンボジア史研究にいささかなりとも参考になって欲しいと特に願う。

以上、とにもかくにも何らかの形でポル・ポトないしはポル・ポト派と深い関わりがあった三人の証言を通して、カンボジア近代史の一端を考えようとするのが本書である。

私はこれまでにクメール・ルージュについて、『気が付けば国境、ポル・ポト、秘密基地――ポル・ポト派地下放送アナウンサーの半生――』（アドバンテージサーバー、二〇一〇年）と『クメール・ルージュの跡を追う――ジャングルに隠れたポル・ポト秘密司令部』（同時代社、二〇一二年）の二冊を刊行した。

前者は元クメール・ルージュ反政府ラジオ放送アナウンサーで、本書第一部の主人公コン・デュオン氏の伝記であるが、それは同時にポル・ポトの秘密司令部「第一三一局」の詳細について初めて世に示したものであった。

後者は、その「第一三一局」の跡地にコン・デュオン氏の案内で、恐らく外国人として初めて足を踏み入れた私の報告と考察である。

この二冊は本書でしばしば言及する。その際、前者は『気が付けば…』と略し、かつ後者は『…跡を追う』と略す。

また、本稿においてはポル・ポトが率いたグループの呼称として「ポル・ポト派」ではなく、国際的に広く認知されている「クメール・ルージュ」を使う。

いずれも予めご承知おき頂きたい。

カンボジア近現代史を調べていると、通常の理解を超えた話に遭遇する。まず第一部のコン・デュオン氏もそうである。クメール・ルージュ政権はカンボジアを滅茶苦茶にした。コン・デュオン氏は父親をクメール・ルージュに殺され、親兄弟姉妹と切り離され、天涯孤独に陥った。その後、命懸けでクメール・ルージュ支配地域を抜け出し、母親と再会できたのは一九年後であった。詳細は『気が付けば…』をご参照頂きたい。

そんなコン・デュオン氏がひょんなことから三派連合政府時代（後述）のクメール・ルージュの重要なスタッフとなり、ポル・ポト本人から大事にされた。この結果、独りぼっちで寂しく、頼れる肉親が一人もいなかったコン・デュオン氏にとって、ポル・ポトがさながら父親のような存在になってしまった。そして、彼は今もポル・ポトを敬愛してやまない。この事実に、私は唸ってしまうばかりである。何と皮肉な現象であろう。

以前、私はクメール・ルージュ政権の情報省にいた男性にインタビューしたことがある。彼の最初の妻と当時一歳だった娘は一九七八年以降、消息が分からなかった。だが、最近、妻については分かった。彼女は一九七八年に処刑されていた。クメール・ルージュ国際法廷スタッフの協力でカンボジア文書センター（DC－CAM）を訪問し、そこでかつての妻に関する記録を見付けた。情報省の同僚だった妻はCIA（アメリカ合衆国中央情報局）のスパイとしてクメール・ルージュに粛清されていた。

DC－CAMはアメリカのエール大学がアメリカ合衆国国務省やオーストラリア政府、ニュージーランド政府などから資金提供を受け、一九九五年にカンボジアの首都プノンペン市内に設置したものであり、「一九七五年から一九七九年までポル・ポト率いる民主カンプチア政権下カンボジアの大量虐殺についての記録・資料収集」[1]を行うという機関である。具体的には「カンボジア歴史上の該当期間について残っている資料の全ての収集・検討・保存」、「カンボジア人の戦争犯罪人や大量虐殺の容疑者訴追のための法廷に、収集した資料・情報を提供可能な状態にしておく」、「ジェノサイドについての批判的・分析的解釈により、世界中他の地域でも起こる可能性がある政治的・民族的暴力の防止に役立つようにする」[2]ことを目標としている。

つまり、先の男性の場合、かつてクメール・ルージュ政権の中枢にいた人物が、かつてのクメール・ルージュ政権の犯罪を追及する機関が収集した記録によって、自身の妻がかつてクメール・ルージュ政権によって粛清されたことを知ったというのである。[3]これも唸ってしまう話である。コン・デュオン氏のケースも、この男性のケースも、何とも曰く言い難い捻じれ現象を起こしている。こうした話からカンボジアがいかに混乱していたかが理解できる。

なお、本書はクメール・ルージュ裁判とは何の関係もない。ここで紹介する三人の証言が純粋にカンボジア近代史研究の一助になることを願うのみである。

二〇一六年一一月七日

永瀬一哉

タイ
ラオス
ダンレック山脈
アランヤプラテート
(プノン) マライ
オドーミエンチェイ州
アンロンベン
トモープアク
バンティアイ
ミエンチェイ州
シエムリアップ州
プレアビヒア州
ポイペト
シソポン
ダー
カンボジア
∴アンコールワット
シエムリアップ
プノンプラック
ヴィアルトリア
アエクプノム
コムプルム
バッタンバン
パイリン州
バッタンバン州
ソイダオ
オーロエル
パイリン
チューティール
カシチョム
サムロート
プルサト
トンレサップ湖
メコン川
トンレサップ川
トラト
オスオスデイ
プルサト州
第131局
コンポンチャム
コンポン
スプー州
プノンペン
ベトナム
コッコン州
ホーチミンシティ(サイゴン)
カンポット州
カンプチアクロム
(メコンデルタ)

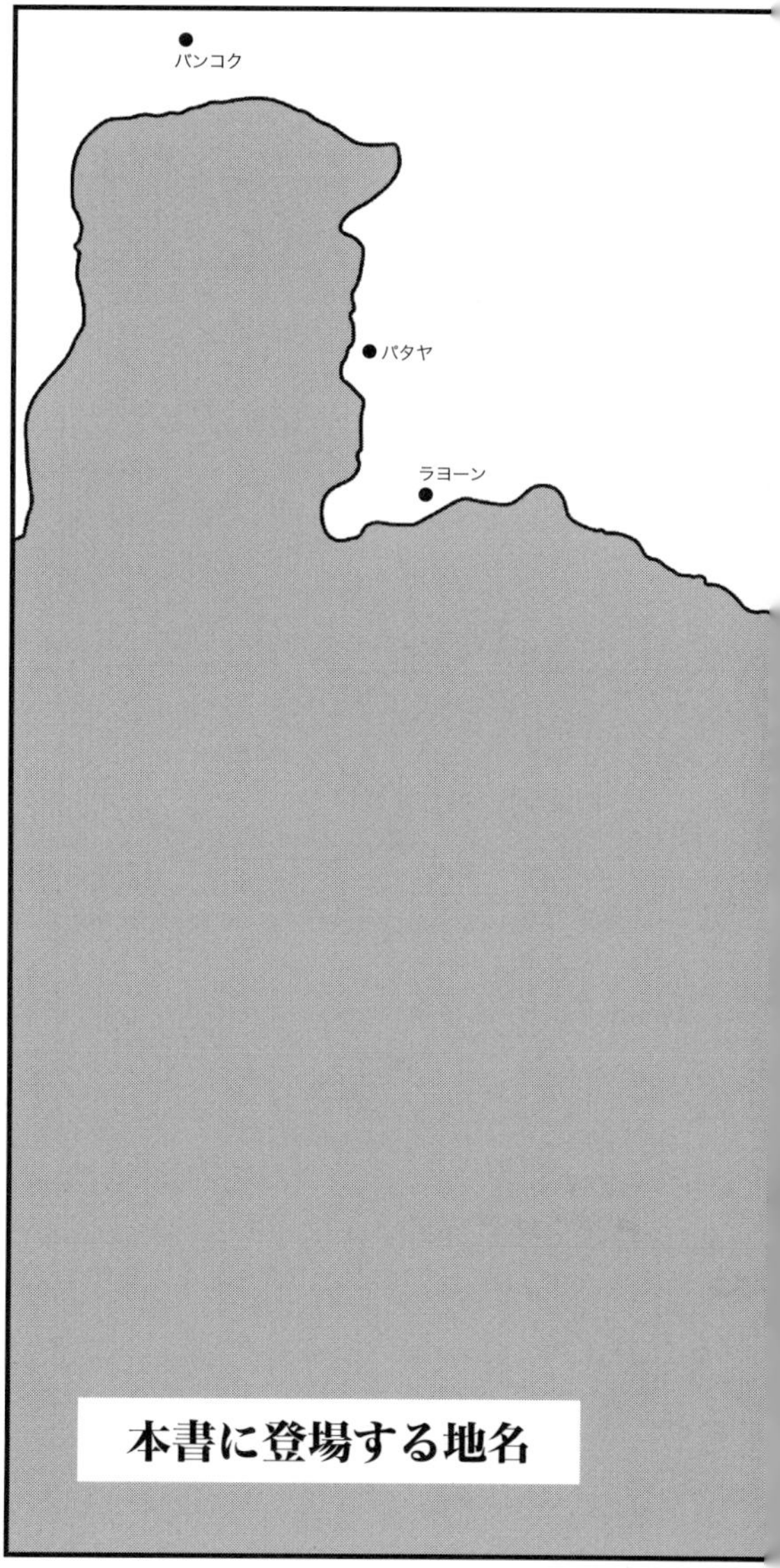
バンコク
パタヤ
ラヨーン
本書に登場する地名

目次

第一部

ポル・ポトに感謝する男

――コン・デュオン

ポル・ポトの「心理戦」

カンボジア王国シエムリアップ市は世界遺産アンコールワットを擁する観光の街である。二〇世紀末に長い内戦を終えたカンボジアだが、近年は戦争の爪痕も消え、特に都市部の経済成長は著しい。シエムリアップ市にも瀟洒なホテル、ショッピングセンター、マンション等が建ち並ぶようになった。私は年に数回カンボジアを訪れるが、この国の急激な変貌ぶりには行く度に驚かされる。

コン・デュオン

二〇一二年夏、シエムリアップ市内のホテルでコン・デュオンにまたインタビューした。これで九回目である。よくぞ嫌がらずに付き合ってくれる。彼はかつてクメール・ルージュの反政府ラジオ放送のアナウンサーであった。最初に会った二〇〇五年や翌二〇〇六年、彼は明らかに私のインタビューに身構えていた。受け答えは極めて慎重だった。一方、私も質問に気を遣った。微妙な質問は、それを口にしても不自然でない流れを探った。だが、インタビューも回を重ねるに連れ、彼の心は開かれて行った。私は今ではどんなことでも気兼ねなく尋ね、一方、彼も何でも気さくに答えてくれる。

これだけインタビューしていながら、一つ彼に聞いていないことがあった。それは「ポル・ポトのラジオによる心理戦」である。「心理戦」とは、「相手の心理に計画的・継続的に働きかけて、交渉・軍事その他で自分側が有利になるようにすること」（大辞林）である。「心理戦争」とも言う。ポル・ポト直属のラジオ局の組織の概容は「はじめに」に記した二冊の拙著で公表した。だが、心理戦についてては触れていない。ポル・ポトはラジオを使ってプロパガンダを流していた。彼は一体どのような考えで、タイ・カンボジア国境のジャングルから反政府ラジオ放送を発信していたのだろうか。

第一三一局

その話に入る前に「第一三一局」について一言説明する。というのは、本稿がテーマとするクメール・ルージュのラジオ局は「第一三一局」というポル・ポト直属の秘密司令部の中に置かれていたからである。

一九七五年四月一七日から一九七九年一月七日まで三年八ヶ月二〇日、クメール・ルージュはカンボジアを支配した。その終焉は隣国ベトナムのカンボジア侵攻によってもたらされた。ベトナムはカンボジアを占領し、プノンペンにカンボジア人ヘン・サムリンを中心とする傀儡政権（ヘン・サムリン政権）を樹立した。一方、政権の座を追われたクメール・ルージュはタイ・カンボジア国境のジャングルで抵抗した。

クメール・ルージュを倒したベトナムの背後にはソ連がいた。時代は米ソ対立と中ソ対立の真只中である。ベトナムのカンボジア占領はソ連陣営の拡大である。それを嫌うアメリカと中国は、このクメール・ルージュに、シアヌーク派とソン・サン派の二派を合体させて「民主カンプチア連合政府」を作らせ、ベトナム・ソ連に対抗させた。いわゆる「三派連合政府」である。

アメリカと中国が背後にいる三派連合政府は、その支配地域がタイ・カンボジア国境のジャングル一帯しかないにもかかわらず国連に議席を持った。一方、ソ連・ベトナムを背景にカンボジアの国土のほとんどを支配したヘン・サムリン政権は国際的承認が得られなかった。かくして、カンボジアでは「『三派連合政府』対『ヘン・サムリン政権とベトナム』」の戦闘が繰り広げられた。それは「『アメリカ・中国』対『ソ連』」の代理戦争であった。

この時、ポル・ポトが「反ベトナム」、「反ヘン・サムリン政権」の指令を出したジャングルの中の秘密司令部こそ第一三一局である。そして、この第一三一局にクメール・ルージュのラジオ局が置かれ、ベトナムとヘン・サムリン政権に抵抗する放送が流された。

一九七四年一一月、首都プノンペン市の中学三年生だったコン・デュオンは、首都郊外の村に嫁いだ姉を訪ねる途次、クメール・ルージュに拘束された。その後、紆余曲折を経て、ひょんなことから第一三一局に入れられ、さらにこのラジオ放送のアナウンサーとされた。これが、私に「ポル・ポトの心理戦」を語るコン・デュオンである。

＊　＊　＊

一口にクメール・ルージュと言っても、実はいくつもの顔を持っている。

一つ目はカンボジアが隣国ベトナムの戦争に巻き込まれ、アメリカ軍による激しい空爆を受けた時代のクメール・ルージュである。すなわち、ロン・ノルのクーデターでシアヌークが追放され、アメリカの後押しを受けたロン・ノル政権下でカンボジアは戦場と化した。この時、中国の支援で、「反アメリカ」、「反ロン・ノル」の戦いの先頭に立ったクメール・ルージュは民衆の支持を得ていた。カンボジアでインタビューをすると、この時期、「国を守るためにクメール・ルージュに入った」という声に数多く出会う。第三部の主人公イー・チエンも、その一人である。

二つ目は一九七五年四月一七日から一九七九年一月七日まで政権を握っていたクメール・ルージュである。中国の後押しを受けていたことはロン・ノル時代と同じだが、ロン・ノル政権を倒し、「民主カンプチア」という国家を運営した三年余に、極端な共産化政策で数百万もの人々を死に追いやった。クメール・ルージュ（ポル・ポト派）と聞くと、特にこの時期を思い浮かべるケースが多いだろう。

三つ目は上述の三派連合政府時代のクメール・ルージュである。ソ連を後ろ楯とするベトナムにクメール・ルージュ政権は倒され、カンボジアはベトナムの占領下に置かれた。首都プノンペンにはヘン・サムリン政権が樹立されたが、実質はベトナムのカンボジア占領であった。この事態を問題視したアメリカと中国はタイ国境に逃げたクメール・ルージュを支援し、既述の「民主カンプチア連合政府（三派連合政府）」としてベトナム軍と戦わせた。つまり、この折のクメール・ルージュはアメリカと中国という二つの大国が背後に控え、国連に議席を持つ国際的に公認された立場にいた。なお、この時、中国から、もう人を殺すな、カンボジア国民の支持が得られないと厳命されていた。[1]

四つ目はＵＮＴＡＣ時代のクメール・ルージュである。ソ連崩壊でカンボジアをめぐる国際関係は一変した。そこで一九九一年、カンボジア紛争を終結させるため「パリ和平協定」が締結され、それに基づき国連ＰＫＯが派遣されることになった。このカンボジアＰＫＯを「ＵＮＴＡＣ（United Nations Transitional Authority in Cambodia／国連カンボジア暫定統治機構）」と呼ぶ。クメール・ルージュもこれに合意し、カンボジアの暫定政府であるＳＮＣ（Supreme National Council／最高国民評議会）にも入っていた。

しかし、ＵＮＴＡＣ時代のクメール・ルージュは微妙な立場となった。三派連合政府時代のクメール・ルージュ支援はアメリカはじめ西側諸国や中国がタイを経由して行ったものだが、その結果、クメール・ルージュ支配地域のルビーや木材の取り引きでタイに利益が生じた。

カンボジア和平を進めるＵＮＴＡＣが展開する中、中国とタイの両国はクメール・ルージュとの関係をどうすべきか、すなわち縁を切るか、もう少し支援するか、にわかに決めかねる事態に陥ってしまった。そこで中国とタイの支援は続いていた。このためＵＮＴＡＣ時代のクメール・ルージュはＵＮＴＡＣに従うような、従わないような立ち位置となった。

五つ目はＵＮＴＡＣ終了後のクメール・ルージュである。結局クメール・ルージュはＵＮＴＡＣ主導で行われたカンボジアの新政府を樹立するための総選挙に参加しなかった。尤も参加してもかつての「虐殺政権」が選挙に勝つとも思われない。総選挙に参加することで却って政治的消滅への道を踏み出すことにもなりかねないから、不参加は彼らからすれば当然の判断かもしれない。

こうして一九九三年、クメール・ルージュ抜きで総選挙が行われ、新生カンボジア王国が成立した。この結果、タイ国境のクメール・ルージュ支配地域は新政府の支配が及ばない一帯として残った。そして、新政府に従わない彼らは当然の如く新政府との戦いを続け、非合法化された。だが、その勢いも中国とタイの支援が先細りとなって行く中で次第にかげりを見せ、最終的には内部分裂を起こして消滅した。その消滅のプロセスで登場したのが本書第三部で取り上げるイー・チエンである。

以上を整理すると、

一　カンボジア解放の中心として国民の期待を集めていたクメール・ルージュ。

二　虐殺政権のクメール・ルージュ。

三　アメリカと中国の後ろ楯で国際的お墨付きを得て、タイ国境で戦っていたクメール・ルージュ。

四　パリ和平協定に合意しつつもUNTACに非協力を貫いたクメール・ルージュ。

五　UNTAC選挙で成立した新生カンボジア政府に非合法化され、最後は内部分裂で消滅したクメール・ルージュ。

我々は歴史として、あるいは第三者として、カンボジアを客観的・分析的に見ることができる。だが、カンボジアでインタビューしていると、「一」の意識でクメール・ルージュに入り、それ以降、同派の立場の変遷がよく分からぬまま「五」を迎え、そして今は「元クメール・ルージュ」として生きている人々に出会う。私がカンボジア史を調べ始めた頃は「二」の側面を中心にインタビューしていた。他の要素も承知しているが、「二」が余りにも強烈だから、ここがどうしても質問の核になった。最初コン・デュオンに会った時も、私の質問は「二」に傾き勝ちだった。だが、「一」、「二」時代のコン・デュオンは無理矢理クメール・ルージュに入れられ、親兄弟姉妹と切り離された苦悩の時期であり、政権の中枢とは無縁であった。インタビューする私に対して彼は言った。

「私が知っているのはタイ国境で抵抗している時代のポル・ポトです」。

確かに、彼が見たのは三派連合政府時代以降のクメール・ルージュの中枢である。彼の証言の価値はそこにある。

その三派連合政府のクメール・ルージュの秘密司令部、第一三一局は一度移転した。このため所在地は二箇所ある。最初の第一三一局は、一九七九年七月、タイのトラト市の東方、「タイ・カンボジア国境のタイ領内」に設置された。その後、一九八三年一一月頃[2]、「国境を挟んだちょうど反対側のカンボジア領内（オスオスデイ）」に移った。ラジオ局が設置されたのは一九八三年二月ないしは三月、タイにあった最初の第一三一局においてであった。カンボジアへの移転時にラジオ局も付いて行った。

三派連合政府時代の抵抗拠点であった第一三一局はさすが秘密司令部である。その後、どこにあったのか所在地は全く分からなくなっていたのだが[3]、私はコン・デュオンの案内で跡地を訪問し、場所を特定することができた[4]。この二つの第一三一局の位置については『…跡を追う』の「三派連合政府時代のタイ・カンボジア国境に於けるクメール・ルージュ抵抗拠点図[5]」をご参照頂きたい。

＊　＊　＊

「『ポル・ポトのラジオによる心理戦』について誰かに語るのは初めてです」。コン・デュオンは私にこう言った。ホテルの一室で朝九時に聞き始め、途中、休憩や昼食を挟み、終了は一七時だった。この日は、あっという間に終わった。

もう一つの戦争

フィリップ・ショートはイギリス人ジャーナリストである。彼は大著『ポル・ポト――ある悪夢の歴史』を二〇〇四年に上梓した。山形浩生訳の日本語版は二〇〇八年に出版された。

既述の通りクメール・ルージュのラジオ放送はタイの第一三二局で始まった。その年月について、先に「一九八三年二月ないしは三月」と記したが、この曖昧な表現はフィリップ・ショートが「一九八三年二月」とし、コン・デュオンが「同年三月」とするためである。(6) 両者には一ヶ月の差異がある。しかし、いずれであれ一九八三年の早い時期にラジオ局が置かれたことは間違いない。

このラジオ局は移動放送局だった。トラックのような放送車(7)と、その中に置く放送機材一式を支援国の中国からもらい、使い方も中国から教わった。(8)

では、カンボジアでラジオ局が始まったのはポル・ポトの意思によるものなのか、それとも中国の指示によるものなのか。これについてコン・デュオンは前者であろうと推測する。

彼によれば、一九七九年一月、クメール・ルージュのラジオはまずは中国・北京で始まった。放送用原稿は電信でカンボジアから北京に送られた。(9) アナウンサーはポル・ポトが派遣したカンボジア人だったが、放送スタッフには中国政府から派遣された者もいた。だからといって、送った原稿の内容が変えられたり、放送されなかったりすることはなかった。従って、クメール・ルージュにとって、このラジオに不満などあるはずもない。

「しかしながら」と、コン・デュオンはポル・ポトの心中を忖度して言う。「カンボジアを占領し、カンボジアの各地に駐留しているベトナム軍と戦争をやっているのです。敵は目の前にいるのです。だから、遠い北京のラジオ局を経由しているのではなかなか思うようにコントロールできないでしょう。カンボジア国民に何かアピールしたいと思ってもすぐ動けません。手元に置いて、思う存分やりたかったでしょう」。

コン・デュオンが第一三一局に入ったのは一九八〇年三月で、アナウンサーになったのは一九八三年初頭のラジオ局の開設時である。きっかけはポル・ポトの指名だった。「この咽喉仏は良い声が出る」とポル・ポトに直接言われた。(10) 以来、ポル・ポトが顔を出すミーティングに頻繁に参加した。そこで彼は戦場におけるラジオ放送について何たるかを学んだ。ポル・ポトはこう言った。

「戦場のラジオ放送は『心理戦』です。戦争を遂行するために極めて重要なものです。ですから明確な方針を立てて臨まなければいけません」。

なぜ「心理戦」が重要なのか。

「この戦争はカンボジア国民が分裂して戦っているものです。勝ち残るためにはより多くの国民の心を掴む必要があります。同時に諸外国の政府とその国民の心も掴まないといけません。ラジオはそのために最も有効な手段です」。

つまり、国内外の支持を取り付けるための手段だと言う。

「実際に兵士が戦うのを『表の戦争』とすると、ラジオによる心理戦は『裏の戦争』です。前者が『見える戦争』なら、後者は『見えない戦争』です。『もう一つの戦争』とも言えるものです」。

コン・デュオンは言う。

「ポル・ポトは戦争に勝つにはラジオのリードが不可欠だと確信していました。だからこそラジオ局はどうしても手元に置きたかったはずです」。

一九八三年二月か三月に、タイ・カンボジア国境のジャングルに、中国で放送機材の勉強を終えたスタッフ五、六人が機材と共に帰って来た。(11) ここからポル・ポトの直接コントロールによるラジオ放送が始まった。コン・デュオンは、そのアナウンサーの「一期生」だった。

完全統制

第一三一局は一三の部門から成っていた。

第一一部門（ポル・ポトの側近中の側近）、

第二一部門（軍事情報担当）、

第三一部門（民意収集分析担当）、

第四一部門（社会衛生情報担当）、

第五一部門（経済・農業担当）、
第六一部門（文化情報担当）、
第七一部門（外交情報担当）、
第八一部門（出版印刷担当）、
第九一部門（映像記録担当）、
情報統括部門（報道分析担当）、
第一八部門（音楽放送担当）、
第二七部門（ニュース放送担当）[12]、
管理部門（スタッフ生活管理担当）

である。この内、第一八部門と第二七部門がラジオ局である。これらのスタッフはクメール・ルージュが支配するタイ国境一帯から地方幹部の推薦で送られて来た。[13]

ラジオを重視したポル・ポトである。だから、ラジオのスタッフの人選は慎重だった。まずは第一三一局の中からポル・ポト自身が選んだ。次に第一三一局の外から集めた。どちらもポル・ポト自身が人物を見極めて入れた。そして人材を確保した後は自らの手で育てた。第一三一局の中で選ばれたコン・デュオンはポル・ポトの直接指導で発声練習をした。[14]

第一八部門は歌を作ったり歌ったりした。スタッフは四、五〇人だった。第二七部門はアナウンサーと放送機材スタッフが所属した。アナウンサーは常時一〇人ほど。番組制作担当が一四人、機械管理担当は一〇人ぐらい。それに、庶務が二〇人ほどいるので合計で五、六〇人になった。

放送原稿は第一三一局の総力を挙げて作られた。例えば、第二一部門は、どこの戦場で何人死んだとか、どこに、どれくらいの兵力が展開しているかなど、様々な戦場情報を持っている。第五一部門は、降雨の有無など天候の状況から国内各地の収穫を予想する。第三一部門は、そうした諸状況を踏まえて各地におけるベトナムやヘン・サムリン政権に対する民衆感情を分析する。第七一部門や情報統括部門は外国の諸情報、諸報道を分析している。これらを総合して、どういう放送をすれば、より効果的に国民にアピールできるかスタッフに考えさせた。このため週一回ミーティングが開かれた。そして虚実取り混ぜた内容が放送された。このラジオは「真実の報道」を使命とするものではない。「いかにして自派を有利にするか」というものである。といって、全く嘘という訳でもなかった。

放送内容はポル・ポトが厳しく管理した。実際問題、原稿の大半はポル・ポトが書いた。アナウンサー（第二七部門）のコン・デュオンや音楽担当（第一八部門）のウォンとサックらも書いたが、必ずポル・ポトを通した。そもそもコン・デュオンらの原稿はさほど重要なものではなかった。

ラジオにはポル・ポト以外タッチできなかった。クメール・ルージュ大幹部のイエン・サリであろうと、キュー・サムファンであろうと、タ・モクであろうと、ヌオン・チアであろうと一切関与できなかった。ポル・ポトが急にミーティングに出席できなくなった時は、他の幹部がポル・ポトの書いたメモを忠実に読み上げて簡単に終了した。

ポル・ポトを通すことは徹底していた。たとえラジオ放送車が戦場の真只中で攻撃されたとしても、「今、ラジオ放送車が攻撃されています」とは言えない。この放送はあくまでも政治宣伝であるから不用意な一言で取り返しがつかなくなってはいけない。

ラジオ放送車。クメール・ルージュの拠点の一つアンロンベンにあるタ・モク旧宅の庭に置かれている。立っているのは筆者

一九九四年三月のことである。政府軍がクメール・ルージュの拠点の一つ、カンボジア北西部のパイリン一帯を攻撃した。その時、放送車は政府軍の砲撃を受けながら放送していた。それは無論ポル・ポトも承知している。その上で「私たちは、今、大変有利です」[15]と放送した。士気を下げぬようにとのポル・ポトの指示であった。

ポル・ポトは放送内容に合わせてアナウンサーの指名もした。悲しい内容ならAさん、優しく語りかける内容ならBさん、強くアピールしたい内容ならCさんと、そこまで考えた。ポル・ポトから電信で送られて来る原稿の上に読み手の名前が書かれていた。クメール・ルージュのラジオから流れて来る声音、そしてそれぞれの声が語る内容、それを民衆はどう受け止めるか、そんなことまでポル・ポトは計算していた。

ミーティング

週一回のミーティングでポル・ポトはしばしば国内外の情勢を語った。これが参加者には気が重かった。というのは、その内容をミーティング終了の翌々日までにまとめ、清書してポル・ポトに提出しなければならなかったからである。だから、皆、ポル・ポトの話に集中した。これはもはやミーティングというより厳格な先生の「ご講義拝聴」である。

レポートの書き方も指示された。内容を整理して、まず大きな「1、2、3…」で括る。次にそれぞれを小さな「①、②、③…」とする。さらに、その中を小項目の「ⓐ、ⓑ、ⓒ…」とする。そして、それぞれの項目に必ずタイトルを付ける。

お粗末なものを出そうものなら、次回ミーティングで全員の前で注意された。とはいえポル・ポトが声を荒げることはなかった。虐殺のポル・ポトという世評からして意外だが、彼の語り掛けが穏やかだったということはあちこちで指摘されている。[16]「ポル・ポトはいつも冷静で、怒りの表情を見せませんでした」とコン・デュオンも言う。だから、「こういう点を修正して下さい」とか、「あなたの理解には足りないところがあります」とか丁寧に教え諭した。

それでも二、三度続けて拙いレポートを出したら、もうミーティングに呼ばれなかった。「あれは一つの知的なトレーニングでした」とコン・デュオンは振り返る。ただし、参加者は固定されていた訳ではない。その都度、ポル・ポトが必要あると判断したスタッフが召集された。一回当たり大体五、六人であった。

ポル・ポトはいつも軍用水筒と小さなノートの二つを持ってミーティングに現れた。水筒は講話中、咽喉を潤すためである。小さなノートには、その日、話すテーマが一行だけ書かれていた。それで大体五時間ぐらい一気に話した。つまり事実上原稿なしの講義であった。開始は朝七時か八時頃、そして終了は一三時頃。一三時に終わらないこともしばしばあった。その内容をレポートにまとめると、A４サイズの大きさの紙で一〇枚から二〇枚になった。これには皆、驚いた。

驚かされたのは分量だけではない。レポートの項目立ては先述の通りだが、きちんと聞けば、その通りに整理できた。つまり、原稿なしで話すポル・ポトの頭の中には講話の内容が整然とまとめられていたのである。だからスタッフは驚嘆し、そして畏怖した。ちなみにポル・ポトが元フランス留学生であるというのは有名である。ポル・ポトは、彼が国内情勢や国際情勢をどのように捉えているか、その上でラジオを通してどのように人々にアピールしようとしているのか、そうしたことを、スタッフに伝え、育てながら戦っていた。

サジェスチョン

ある時、ミーティングで、ポル・ポトがこんなことを言った。

「秘密を守ることができれば、戦いは五〇%勝ったようなものです」。

言わば当たり前のことだが、彼が発した言葉には何らかのメッセージがあることを第一三一局のスタッフは承知している。ポル・ポトは婉曲に表現することが多かった。この場合、単に秘密を守りなさいという指示ではなく、誰かが何かを口外したのをポル・ポトが知ったのだろう。

こんな話もある。兵士はよく軍用水筒に塩と水を入れ、ジャングルでとれる果物類を漬けた。ジャングル内で食糧を保存しておきたいという彼らの気持ちはよく分かる。だが、この水筒は中国からの援助物資である。水を入れるだけならいつまでも使えるが、漬物用にすると長持ちしない。ある時、ポル・ポトが諸幹部の前で言った。「私はこの水筒で三〇年間、水を飲んでいます。私のためにずっと働いてくれています」。彼がいつも持ち歩いている既述の水筒だった。幹部らが慌てて兵士に伝えたことは言うまでもない。

まだある。ジャングルでは住居は川の近くに作らない。水中に地雷は埋設できないから、敵が川を伝って攻めて来ると手の打ちようがないためである。反面、水の近くに住めないとなると、生活用水の確保に困る。そこで家の近くに大きな甕を何個も置いたり、大きな池を掘ったりして、雨季に雨水を貯める。雨水は大気汚染の少ないカンボジアではきれいである。だから飲料水に適している。一方、川の水は色々な使い方をするから、どう汚染されているか分からない。このため洗濯や水浴びに使うことが多かった。

ある時、川まで行くのを横着した男性スタッフが甕に貯めた雨水で服を洗った。それをたまたまポル・ポトが見た。「この水は川の水よりきれいですから、よく洗えますね」。こう言われた彼の表情は一瞬にしてこわばり、恐怖した。彼は二度と雨水を洗濯に使わなかった。

ポル・ポトは大事なラジオ局スタッフの食生活や生活リズムまで細かく管理指示した。彼らが健康を害して重要な放送に支障を来してはいけない。ある時、コン・デュオンは原因不明の病気で動けなくなった。彼はタイのきちんとした病院に送られ、しばらく入院した。第一三一局スタッフで、このような扱いを受けた者を他に知らないと言う。

そこまで大事にされたコン・デュオンがポル・ポトから、第一三一局内で通りすがりに、「デュオン、太ったね」と言われた。ポル・ポトは何が言いたかったのだろうと、彼は考え込んだ。食生活が優遇されているスタッフが調子に乗っているとポル・ポトにマークされたのではないかと、彼はしばらく脅えた。

第一三一局各部門のリーダーは、六ヶ月ごとに実施する各部門のスタッフの選挙で決定した。ポル・ポトは当選者を、その通りにリーダーに指名したと言う。この話も独裁者ポル・ポトというイメージからして正直なところ意外だった。

また、ポル・ポトは何か実施する前には必ずミーティングを開いて趣旨を説明し、そして参加者の意見を聞いたと言う。

こうした一見民主的なスタイルも、結局はスタッフに対する教育の一環だったのだろう。

しかし、それも、これも、それだけ全体のレベルが低かったためだろう。私がこれまでにインタビューして来た第一三一局スタッフの学歴は決して高くない。小学校を卒業していれば良い方である。地方幹部の推薦で送られて来たといっても、この程度である。コン・デュオンは中学三年時にクメール・ルージュに拘束された。この学歴はかなり高い。だから彼はポル・ポトに目を掛けられたと言えそうだ。ポル・ポトはジャングルで手足となるスタッフを育成しながら戦っていた訳だが、それは政権時代に人を殺し過ぎたためだったとも言えるだろう。

イメージソング

ポル・ポトが重視したラジオ局は二部門に分かれる。音楽放送担当（第一八部門）とニュース放送担当（第二七部門）であるが、扱いは後者が格上だった。実際問題、アナウンサーと機材を操作するスタッフがいる方が大事にされるのは分かる。だが、そうはいってもラジオに音楽は不可欠である。

第一三一局からラジオ放送がなされることになった時、ポル・ポトはオープニング音楽の選定に時間をかけた。冒頭に流す音楽だから重要である。

彼は第一八部門スタッフに複数の曲の推薦を命じた。リズムは？　テンポは？　数曲の候補からポル・ポトが一つに絞った。大きな太鼓の音がして、それがどんどん小さく速くなって行くものだった。陽気なコン・デュオンは「トォン、トォン、トォン、トォン、トゥール、トゥール、トゥール、トゥール」と口ずさんで私に聞かせてくれる。

次にポル・ポトは、そのタイトルで考え込んだと言う。結局、「テープ・ティダ・ソラヨ」と名付けられた。「降りて来る天使」という意味である。天使が地上に降臨し、人々に幸福をもたらすということだが、つまりは「今のカンボジアはベトナムに占領されている。しかし、いずれクメール・ルージュがカンボジア国民の中に降り来たりて救出する」といった含みであろう。

ラジオの名称は「Voice of the National Army of Democratic Kampuchea」とした。日本語にすれば、「民主カンプチア国民軍の声」である。実際の放送では、まずこの名をクメール語（カンボジア語）で告げ、その後、ポル・ポトが熟考の末、選び名付けた「テープ・ティダ・ソラヨ」が流された。

また、放送の途中で流す歌も新たに作られた。ポル・ポトは作曲には口出ししなかったが、作詞には関与した。「ベトナムを倒そう」、「ベトナムを潰そう」など、人々がベトナムを敵視するフレーズが並べ立てられた。

二〇一五年八月、私はタイ国境で農業を営む一人の男性を訪ねた。元第一八部門スタッフである。彼の家の前を流れる小川の向こうはタイ。子どもや孫と穏やかに暮らしていた。彼は私を大歓迎してくれた。そして、その場で「永瀬さんを迎える歌」を作り、披露してくれた。詞も曲も即興である。無論クメール語だが、こんな内容だった。

「♪おー、日本人の永瀬さんが私のところにインタビューにやって来た。大変だったジャングル時代の生活を聞きたいと言った。私は永瀬さんの仕事が望み通り成功することを祈っている」。本当に良い声だった。彼は最近ある歌唱大会で優勝したらしい。私は彼を見ながら、第一八部門スタッフとして見事に完成されていることを実感した。

＊　＊　＊

ポル・ポトのラジオに対する姿勢をまとめると以下のようである。

・放送原稿の大半をポル・ポトは自ら執筆した。スタッフが執筆した時は必ず目を通した。放送内容はすべて掌握していた。

・従って、どんな状況であってもアナウンサーに臨機応変の放送をさせなかった。

・ミーティングで国内外の情勢を教えながら、どんな放送をすれば良いかスタッフに考えさせていた。

・放送内容に応じてアナウンサーを指名した。

・オープニング音楽を慎重に自ら選定し、タイトルも付けた。

・番組内で流す音楽の制作にも関与した。

・スタッフの食生活や生活リズムまで細かく管理指示した。

クメール・ルージュラジオは、間違いなく、ポル・ポトが全精力を傾けた「もう一つの戦争」であった。

カンボジア国民に向けて

ベトナム人に対するカンボジア人の民族感情は決して良くない。現在のベトナムの南部地域、すなわち大都市ホーチミンシティ（旧サイゴン）を擁するメコン川下流域（メコンデルタ）は米の一大生産地帯だが、実はここはかつてカンボジアの領土であった。ベトナムの支配下に入ったのは一七世紀である。このため現在も多くのカンボジア人が暮らしている。カンボジア人はそこを「カンプチアクロム」呼ぶ。「下方カンボジア」という意味であり、本来はカンボジア領だという思いがある。(17)

こうした数百年前のことだけではない。近年の内戦時代にもカンボジアに入って来たベトナム兵が村を荒らし、家畜を盗み、女性を犯したという話はカンボジアの至るところで聞く。だから、当然の如くクメール・ルージュは、これを繰り返しラジオで報じた。

「ベトナム兵が○○村で◎◎を盗みました」

「ベトナム兵は○○村で娘を××人レイプしました。皆、最後に殺されました」

「ベトナムにカンボジアは侵略されています。早くベトナムを追い出しましょう。傀儡政権であるプノンペンの政府を倒しましょう」

こんなことが日々放送された。コン・デュオンは言う。

「こうした放送を聞いて国民は納得します。今、実際にそれぞれの村にベトナム軍が入って来ているのです。至るところにベトナム軍が展開しているのです。自分の目で見ることができます。『悪い奴らがとうとう私のところにも来た。今度はカンプチアクロムだけでなくカンボジア全土を奪おうとしているのだ』と理解できます。クメール・ルージュは嘘を言っていないと信用されます」。

でも、レイプや泥棒は事実なのか。そう聞く私にコン・デュオンは「事実があってもなくても放送します」。

なるほど、それが心理戦だ。

現在パイリンで暮らすキム・レットは、かつてラジオ局でコン・デュオンと一緒に働いていた。彼も同じことを言う。

「よくあるニュースはベトナム兵がカンボジア人女性をレイプした、ベトナム兵が人々を殺害した、

通訳、コン・サンロート

ベトナム兵が人々のものを奪い取ったというものです。それが本当かどうかは分かりません。私たちスタッフの関知するところではありません。ポル・ポトから送られて来た原稿を放送するだけです」。

それが内戦時代のラジオ放送なのだと納得しながらも、それにしても、かつての日本もそうだが、戦時下できちんとした情報に接することができない民衆は哀れなものだと思っていた時、通訳のコン・サンロートが突然言った。

「レイプは本当です。コンポンチャムにある私の実家に酔っ払ったベトナム兵が侵入して来ました。そこに若い頃の私の母がいました。でも、たまたま男性が一杯、家にいたので兵士を追い返すことができました。しかし、隣の家の娘は襲われました」。

コン・サンロートはクメール・ルージュとは無縁の一介の市民である。それがこのようなことを訴える。だから仮に個々の放送そのものは嘘であったとしても、その背景には数限りない凄惨な事実があったのだろう。

コン・サンロートの話を承け、コン・デュオンが言葉をつないだ。

「ポル・ポトが最も意識していたのは、なぜクメール・ルージュは戦っているのか、それはカンボジアからベトナムを追い出すためだということをカンボジア国民に理解させることでした。つまりクメール・ルージュの戦争は『祖国防衛戦争』だとアピールしていたのです」。

「アー・ヘン、アー・フン、クバール・ジューン、クルーン・クマエ」。

これは当時のカンボジアの民衆の耳に馴染んだ台詞である。プノンペン政府首脳ヘン・サムリンとフン・センを罵って、「アー・ヘン、アー・フン」と言っている。直訳すると、「ヘン公、フン公、頭はベトナム、身体はカンボジア」となる。つまり、「ヘン・サムリンとフン・センは身体はカンボジア人なのに頭はベトナム人だ」ということである。これが連日の如くクメール・ルージュラジオから流れていた。(18)

ポル・ポトは次のような放送もした。

「(ヘン・サムリンの) 政府軍兵士が○○で××人死にました」。

これで、無理やり徴兵された農民出身の政府軍兵士の厭戦気分は増すかもしれない。

こんな放送もした。

「戦争に行って怪我をすると物乞いになります」。

これは決して脅しではない。ヘン・サムリン政権下のカンボジアは貧困に喘いでいた。バックにいるのが東側陣営のベトナムだから、西側援助のように潤沢にはいかない。橋、道路、バス停などには手足を失ったり、目が見えなくなったりした元政府軍兵士が一杯いた。コン・デュオンは一九九三年、一九年ぶりに母と再会するため極秘でクメール・ルージュ支配地域を抜け出し、母の住む政府軍支配地域に潜入した。その時、彼が見たのは道端にあふれる無数の物乞いだった。[19]

「物乞いになるという放送は特に効果があったでしょう。人々はその姿を必ず見ています。前線に出たら、ああなってしまうとの思いが強くなります」。

こんな放送もあった。

「政府軍兵士が○○で××人脱走して民主カンプチア（クメール・ルージュ）に投降しました」。

これは「政府軍は弱い」、あるいは「クメール・ルージュには正義があるからこそ、こちらに投降する者がいる」というメッセージである。

以上をまとめると、「プノンペンにいるカンボジア人指導者は侵略者ベトナムに操られている。我々はカンボジアからベトナム人を追い出さないといけない。それなのに愛国者クメール・ルージュと戦って死んでどうするのか。また、死なくとも戦傷病者になれば物乞いだ。だから、早く傀儡政権を見限って投降せよ」ということである。

これで実際にクメール・ルージュに投降して来た兵士がいたのかどうか、それは放送するだけの立場であったコン・デュオンには分からない。

世界に向けて

「政府軍兵士が○○で××人死にました」。

「政府軍兵士が○○で××人脱走して民主カンプチアに投降しました」。

先に示したこの放送には別の狙いもあった。というのは、カンボジア国民だけでなく国際社会を意識していたのである。繰り返すまでもなく、政権の座を滑り落ちたクメール・ルージュがタイ国境で生き延びたのはアメリカと中国が支援したからである。そのおかげで三派連合政府が国連議席を持った。だから、

「諸外国が国連議席をずっと支持してくれることを期待して放送していました」。

コン・デュオンによれば、クメール・ルージュラジオは周囲千キロの範囲で聴取できた。クメール・ルージュを支援する西の隣国タイでも、片やクメール・ルージュと敵対する東の隣国ベトナムでも聞こえた。

「世界の国々や国際機関は、このラジオに必ず耳を傾けています。ポル・ポトは聞かれていることを意識して放送していました」。

公式の声明では国際社会からの支持に感謝し、引き続きの支持を訴えた。また、そのようにストレートに言うだけでなく、日常の放送でカンボジア国民に向けて日々の成果や状況を伝えることが、

すなわち国際社会に対してクメール・ルージュは頑張っているというメッセージになった。ポル・ポトは支援してくれている「アメリカなど西側諸国」や「中国」に、期待に背かぬよう戦っているとアピールしていた。

ベトナムに向けて

「ベトナム軍兵士がカンボジアで××人戦死しました」。

「ベトナム軍兵士がカンボジアで××人脱走して民主カンプチアに投降しました」。

この手の放送も多かった。これは主にベトナム人に聞かせようとした。狙いは無論、戦意喪失である。カンボジアに送られて死にたくないという厭戦気分をベトナムに醸成しようとした。だからクメール・ルージュのラジオにはベトナム語による放送があった。

＊　＊　＊

戦死したベトナム兵のポケットや鞄には家族の写真や手紙がよく入っていた。これはいずこの国の戦場でも同じであろう。

「カンボジアの〇〇で戦死したベトナム兵は妻子の写真を持っていました」。

「カンボジアの〇〇で戦死したベトナム兵は手紙を持っていました」。

こう言って、夫婦、親子が仲良く並んでいる写真の説明をしたり、その手紙そのものを読み上げたりした。だから、本物の場合、人物の特定もできたはずである。

ベトナム語の放送は最初ウェイという男性がやった。ウェイは小さい頃、カンボジア国内で北ベトナムによって拉致され、北ベトナムの首都ハノイでコミュニストに育て上げられたカンボジア人である。北ベトナムは隣国カンボジアに対する長期戦略の一環としてカンボジアの子ども数千人を拉致し、コミュニストとして育成した上でカンボジアに送り返していた。彼らは「クメール・ハノイ（ハノイのカンボジア人）」と呼ばれた。ウェイはそうした微妙な立場でありながら激動のカンボジアを生き延び、何と最後は、そのベトナムを敵としたポル・ポトの側近の一人となった。私はこの人物が非常に気になったが、存在を知った時にはすでに故人であった。『…跡を追う』の中で「第一三一局にいたあるカンボジア人のこと」という一節を設け、彼に言及した。[20]

やがてベトナム語担当はウェイから一人の女性に代わった。モットと言う。彼女の母モーンはウェイと同じ境遇であった。ウェイと同時期に拉致されハノイに連行された。この立場の人々は、その多くがクメール・ルージュ政権時代に殺されている。ウェイもモーンもコン・デュオンの言い方では、「千人殺された中で一人二人生き残ったような非常に幸運な人たち」である。「二人とも謙虚でおとなしい性格だった」ようだから、ポル・ポトも危険分子とみなさなかったのだろう。その娘がモットである。恐らく彼女のベトナム語は母の直伝だろう。戦乱のインドシナ半島で辛酸を舐めた母子の人生が垣間見える。

その後、放送は二人の男性に代わった。彼らはカンプチアクロム出身のカンボジア系ベトナム兵だった。タイ・カンボジア国境にはクメール・ルージュの戦略拠点が点在したが、中でも北部のダンレック山脈の麓のアンロンベンは特に重要な町であった。一九九二年初頭、この付近までベトナム軍が進軍した際、二人はクメール・ルージュに捕まった。すでに三派連合政府も解消し、間もなくUNTACが始まるという時だった。カンプチアクロムのカンボジア人はクメール語とベトナム語が話せる。だから、クメール・ルージュは「何かに使えるだろう」と殺さずに生かしておいた。

「私たちは、本当はカンボジアに来たくありませんでした。徴兵されたからやむなく来ました」と二人は訴えた。殺されたくないからこう言ったのだろうが、嫌々来たというのは必ずしも嘘ではないだろう。ベトナム兵がカンボジアで遭遇した苦難は読売新聞の特集記事「ベトナム軍撤退　カンボジア現地報告④　駐留兵の三割がマラリアに」(21)に詳しい。二人は性格も良かった。彼らは当然ベトナムの町や村の様子、そしてベトナム民衆の機微も分かる。しかも、きれいなベトナム語である。ポル・ポトに重宝がられ、ベトナム向けのラジオ放送を担当した。一人の名前はウーンだった。もう一人は、コン・デュオンは一生懸命記憶をたどったが、思い出せなかった。

二人は功績が認められたのだろうか、その後解放され、カンプチアクロムに帰ったとコン・デュオンは聞いている。

ベトナム向けの放送は「クメール・ハノイ」や「クメール・ハノイの娘」、そして「カンプチアクロム出身者」が担っていた。クメール・ルージュのラジオの声には、こんな人たちまでいた。

＊　＊　＊

ゲリラ部隊を動かす

クメール・ルージュの戦争は主にジャングルでのゲリラ戦である。ジャングルの各所に拠点を作りながら、五人から一〇人の部隊が神出鬼没で戦った。彼らは無線を持っていたが、平坦な場所でも五キロから一〇キロしか届かないため、ジャングルに入ってしまえば使い物にならない。そうなると誰かが命令を伝達に行くしかない。メッセンジャーはジャングルの中を、時には一、二ヶ月かけて部隊を探した。

この間、ゲリラ部隊は何をするでもなく過ごした。ただ寝て、飯を食うだけだった。食糧がなくなったら、どこかで調達して食べた。これでは水筒で漬物を作りたくもなるだろう。部隊のリーダーには指示がなくても自主的判断で攻撃するよう事前教育がなされていたとはいうものの、ジャングルの中で糸の切れた凧のようになってしまえば、命を懸けて戦おうとは、そうそう思わない。だから、ゲリラ戦は各部隊のモチベーションをいかに保つかが課題であった。私はクメール・ルージュ軍というと、精悍にして屈強で、統制の取れた部隊をイメージしていたが、コン・デュオンは「ジャングルで戦うというのは、そんなものですよ」と言う。彼らを中央がきちんとコントロールするのは難しかった。

そこでラジオが使われた。各部隊はラジオを必ず持っている。中国製の充電池付きで、手で回して発電するから電池切れはない。そしてもちろんのこと、無線と違ってラジオは遠くでも聞ける。ましてやジャングルの中で何もすることがなくただ漫然と過ごしている部隊だから、外界との唯一の接点であるラジオは必ず聞いている。そんな彼らに向けてポル・ポトは電波を飛ばした。

「クメール・ルージュは今日、○○を攻撃しました。ベトナム兵が××人死にました。我々は大勝利でした」。

敢えてこんな放送をぶつけた。作り話であろうがなかろうが、しばらく戦っていない部隊には恰好の刺激となった。攻撃を仕掛けたというのがどこの部隊を指すのかは仲間内では分かる。

「どうもA部隊はうまくやったようだ。彼らにできて我々にできないことはない」。

そんなことを思わせたらしめたものである。自主的判断で戦えという事前の教育もあるから、「では、一つやってみようか」と新たな戦闘が開始されることになる。

でも、そんなに思い通りに行くものなのだろうか。そう聞いた私に、コン・デュオンは真顔で言った。「作り話ではありません」。

彼は特に忘れ難いという事例を挙げた。ある時トンレサップ湖で、しばらく戦闘が止まった。湖上だから小舟で移動して戦うのだが、水上戦は慣れていないと難しい。そこでちょっと突っついてみようと放送した。

「トンレサップ湖の○○にあるベトナム軍基地をクメール・ルージュは焼き払いました」。

そうしたら、この後、一斉に湖の各所で攻撃が始まったというのには、コン・デュオンが驚いた。「戦勝を伝える放送」は単に国民に対する宣伝だけではなく、士気の下がった部隊の戦闘を誘発する役目も担っていた。

ラジオ局の防衛

こうしたラジオだからこそ、既述の通り、ポル・ポトはラジオ局スタッフを大事にした。彼らも他の兵士同様、中国からもらった戦闘服を着ていたが、彼らを戦闘要員だとは、周囲も、彼ら自身も考えていなかった。彼らは死んではならない人々である。では、なぜ戦闘服なのかと聞く私に、コン・デュオンは笑って言った。「それ以外に服がないんです」。

ラジオ局には守備隊が付いていた。というよりもラジオ局がどこへ、どう移動するかは守備隊が管理した。無論ポル・ポトの指示を受けている。しかし専属部隊ではなかった。パイリンにいる時はパイリンの部隊が、マライに行けばマライの部隊が責任を負った。前線から危ないとの連絡が来れば、守備隊は放送車をいち早く安全な場所に移した。ラジオ局は常に戦場から離れたところで保護された。なお、「マライ」はクメール・ルージュの拠点の一つで、「プノンマライ」と言っても良い。第三部「ポル・ポトを潰した男」で重要地点として登場する。

ラジオ局には放送用の車、発電用の車が各二台あった。安全と判断された場合は四台すべて同じところに置き、それぞれ片方を使い、もう片方を休ませた。いざ戦争となると、二グループに分けて違う場所に配置し、双方をうまく使い分け、放送が途切れないようにした。

それでも二度、一時的に途絶える事態が起きた。最初は一九八五年、カンボジア（オスオスデイ）の第一三一局がベトナム軍に攻撃された時である。[22] 二度目は先に述べた「私たちは、今、大変有利です」の放送をした一九九四年、パイリン郊外[23]でラジオ放送車が政府軍に攻撃された時である。この折のことは日本でも詳しく報道されている。[24] 本来考えられない事態であったから、コン・デュオンの記憶に強く刻まれている。[25] これらについては『気が付けば…』で言及した。

罵り合い

クメール・ルージュラジオはベトナムを相手とした「もう一つの戦争」であった。しかしながら、そもそも当のカンボジア国民はプノンペンにある政府がベトナムの傀儡政権であったことを知っていたのだろうか。きちんとした情報がない戦乱、混乱の中、人々は何が起きていたのか分かっていたのか。

コン・デュオンは言った。

「皆、分かっています。どうしてかというと、クメール・ルージュのラジオ放送があるからです」。

なるほど、そう来たか。

「ロックルー（先生）のおっしゃる通りです。カンボジア人は情報がないから何が起こっているか分かりません。だからこそクメール・ルージュのラジオは国民に重要だったのです」。

もちろんヘン・サムリン政権もラジオ放送を持っていた。こちらはこちらでクメール・ルージュを攻撃した。クメール・ルージュがヘン・サムリン政権を「ベトナムの傀儡政権」と罵れば、ヘン・サムリン政権はクメール・ルージュを「虐殺者」だと言い返した。そう言われると、クメール・ルージュは「こちらはやってない。虐殺はベトナムの仕業だ」と反論した。互いに果てしなく罵り合った。

「クメール・ルージュは侵略者ベトナムと戦いました。当然、戦場は侵略されたカンボジア国内です。アメリカや中国など外国の支援があったとはいえ、戦ったのは我々クメール・ルージュ、つまりカンボジア人です。クメール・ルージュがタイ国境を拠点に長く戦うことができたのは、多くのカンボジア国民の支持があったからです」。

コン・デュオンはこう言う。さて、これをどう聞くか。

私はある話を思い出した。

「もしクメール・ルージュとベトナム軍の戦闘に巻き込まれたら、クメール・ルージュに向かって逃げます。なぜなら、カンボジア人がベトナム人に向かって進んで行くと、敵だと思われて殺されるからです」。

これは『気が付けば…』で紹介したベトナム軍とクメール・ルージュ軍の争奪の最前線、バッタンバン州のある村でのことである。(26) 聞かせてくれたのは、その村の出身のチェット・ソック・チャンナン。彼はここで生まれ育った。生まれたのはクメール・ルージュ政権時代であり、物心付いたのは三派連合政府時代である。彼の話から、外国が他国を占領し支配するのは、やはり不自然なことだと分かる。カンボジア人にとってベトナム人はあくまでも異邦人であった。

「傀儡政権」か「虐殺政権」か

それでもまだ私にはモヤモヤが残っている。本当に三派連合政府の時代、クメール・ルージュはカンボジア人に支持されていたのだろうか。クメール・ルージュは政権時代の一九七五年四月から一九七九年一月までの間に百万とも二百万とも言われる人々を死に追いやった。確かに三派連合政府の時代のクメール・ルージュは、上述のように中国政府の強い指示で虐殺を止めている。でも、それで、つい昨日まで繰り広げられていた悪夢がカンボジア人の記憶から消えてしまうものなのか。

一九七九年一月七日に「虐殺政権・クメール・ルージュ」を倒したのは隣国ベトナムである。このベトナムの侵攻でカンボジア人は虐殺から解放された。しかし、カンボジア人にすれば解放してくれたのは、こともあろうに色々な歴史的経緯から、彼らが決して好感を抱いていないベトナムだった。「虐殺政権」を「嫌いな隣国」が倒し、「カンボジアの国土の大半を占領」した。これに反発して「元虐殺政権」が「嫌いな隣国」を「カンボジアから追い出せ」とタイ国境で抵抗した。

このムズムズするような事態をカンボジア国民はどう受け止めたのだろう。

ベトナムを嫌ってクメール・ルージュを支持すれば虐殺の悪夢がよぎるだろう。一方、虐殺を嫌ってベトナム（ヘン・サムリン政権）を支持すると、カンボジアという国がベトナムに併呑されるかもしれない。ヘン・サムリン政権下でカンボジア人は自国の将来をどう考えていたのか。

飯の食える方へ

虐殺をクメール・ルージュとヘン・サムリン政権が互いに相手に押し付け合ったとは、先述の通りである。当時のカンボジア人はこれをどう聞いていたのか。チェット・ソック・チャンナンは言う。

「クメール・ルージュの虐殺は誰でも知っていました。目の前に死体があるのですから分かります。私の村でも畑を作ろうとすると骨が出て来ました。移動が自由になった一九七九年一月以降、他の村にも行けるようになって、そこにも死体がありました。どこの村も臭かったです。だから、クメール・ルージュ時代に一杯死んだり殺されたりしたことは皆、知っています」。

それはそうだ。そこに「現実」があるのだ。だから知らない訳がない。[27] では、三派連合政府時代、バッタンバン州の村ではクメール・ルージュは支持されていたのか。

「はい、支持されていました」。

彼はあっさりこう言った。

「クメール・ルージュは良い人たちです」。

一体どういうことだ。訳が分からない。

「政権の座を失ったクメール・ルージュは変わりました。もう人を殺しません。クメール・ルージュの軍隊は優しい集団でした。それに対して政府軍の兵士はひどかったです。彼らは強盗でした。村の米を取って、牛を殺しました。クメール・ルージュ兵はそんなことはしません。そうなるのは、後ろに控えている国の力が違うからです。クメール・ルージュの後ろはアメリカや中国です。政府の後ろはベトナムです。だから、政府側は貧しかったのです。クメール・ルージュのいるタイ国境は豊かでした。米が一杯ありました。普通の人でも御飯が食べられました。だから、皆、クメール・ルージュの支配地域に行きたいと思っていました」。

クメール・ルージュに一定の支持があったとすると、それは結局は西側と中国の財力だということになる。

でも、クメール・ルージュはちょっと前まで虐殺をやっていた。死体や死臭という現実を知っている。それでも人々は行きたいのか。行ったら殺されると思わないのか。

「それでも行きたいです」。

うーん、そんなものかと私の言葉が途切れた時、チェット・ソック・チャンナンは言った。

「それが理解できないのは『貧乏』が本当に分かっていないからです。クメール・ルージュが良いか悪いかなんて誰も考えません。食べることだけを考えます。誰も飢え死にしたくないです。御飯を食べさせてくれる人が良い人です」。

うーん、私は唸るしかない。

「一九八五、六年頃のことです。私の住んでいた近くの四つの村の住民のほとんどがタイ国境のパイリンに移りました。恐らく全部で七百人ぐらいでしょう。国境まで二、三日、ジャングルの中を歩いて行きました。もちろん途中、ジャングルの中で寝ます。クメール・ルージュと政府の戦争が激しくなったので避難するということなのですが、どっちへ向かうかと言えば、行き先は迷わずクメール・ルージュの側です」。

昨日まで人を殺していたグループの支配下へ、飯を食わせてくれるからといって頼って行く。全く私の理解の外である。

「移動する人々の財産は服と子どもだけでした」。

私はまた唸った。これが戦場の村、戦場と化した途上国の現実なのだ。「虐殺政権のクメール・ルージュなのか」、それとも「嫌いな隣国ベトナムなのか」というような書生の議論以前に、まず飯が食えるかどうか、それが、この時のカンボジアの人々には最優先だった。

食糧調達の情景

先に、何をするでもなくジャングルの中で過ごしているゲリラ部隊の話をした。そこで「食糧がなくなったら、どこかで調達して食べた」と記した。では、その食糧は、どこで、どうやって手に入れたのか。

チェット・ソック・チャンナンの出身の村を取り仕切っていた村長はもともとはカンプチアクロム出身のカンボジア人であった。従って、ベトナム語とクメール語のバイリンガルである。彼はクメール・ルージュが政権を握る前、カンプチアクロムからカンボジアのバッタンバン州の地方村に移住した。生活の糧を求めてカンボジアの未開の大地に移り住んだのだった。

そんな一民衆だった彼にとって、一九七九年のベトナムによるカンボジア占領は大きな転機となった。ベトナム軍はカンボジア全土に展開し、カンボジアを支配した。この時、ベトナム語が話せる者は貴重な人材となった。ましてや、それが田舎の村であればあるほど重宝された。こうして彼は村長に任命された。村に進駐したベトナム軍幹部は米や肉を手土産に村長宅を頻繁に訪れた。彼を押さえておけば、この一帯も押さえられる。その村はクメール・ルージュと対峙する最前線であった。

だが、村長も村人もしたたかだった。ベトナム軍と友好を取り結ぶ一方で、クメール・ルージュ軍とも交流を持った。それが最前線の村の生きる術だった。彼らの村の先に広がるジャングルの中にはクメール・ルージュ兵がいた。日中、農作業に出掛ける時に米、塩、煙草などを持参し、こっそりクメール・ルージュ兵に売った。彼らもそれを当てにして待っていた。支払いはタイの通貨、バーツだった。

深夜にクメール・ルージュ兵がこっそり村の中に入ることもあった。ベトナム兵が戦闘で村を離れた時、あるいは、ベトナム兵が、何時頃、村のどこをパトロールするかを調べた上で、村人がクメール・ルージュ兵を巧みに村内に誘い入れた。時には数十人の兵士が入って来て、大量の米を買って行った。一人当たり二、三〇キロを背中に担いで帰ったというから、合計すると数百キロになる。

こうした密売は大罪である。ベトナム軍に見付かれば大変なことになる。実際、ある時ばれた。二人の男がベトナム軍に拘束された。それを村長が粘り強く交渉し、三ヶ月後に解放させた。九死に一生を得た彼らは、以後、収穫期になると必ず米や野菜を手に村長宅を訪れ、挨拶を欠かさなかった。また、ある時は一〇人もの村人が捕まった。クロマー（カンボジアの伝統的織物）で目隠しされ、数珠つなぎでベトナム兵に連行された。この時も村長が粘り強く交渉し、引き取った。当然、金品も動いたことだろう。こうして、ベトナム語を話せる村長は並みの村長以上の信望と権力を得た。

だが、そんな村長も実は密売で収入を得ていたから行動は慎重だった。彼は夜の寝場所を妻子にも教えなかった。ある時は屋根裏部屋で、またある時は米蔵に収められた米袋の中で、さらには近くの家などを転々として眠った。結局、双方に良い顔をして、この村長やこの村は役に立つと、双方に思わせることで村の平穏が守られた。そして、それで収入も得られるのだから損はない。「したたか」以外の言葉はない。これがプノンペンの政府・ベトナム軍とクメール・ルージュが対峙する最前線の村の姿であった。

投降の情景

村ごとクメール・ルージュ支配地域に移住した話は先に書いた。それほどクメール・ルージュが豊かだと思われていたのなら、政府軍兵士にも投降した者がいたのではなかったか。そんな疑問が私に湧いた。それにクメール・ルージュラジオは、

「政府軍兵士が○○村で××人脱走して民主カンプチアに投降しました」

「ベトナム軍兵士がカンボジアで××人脱走して民主カンプチアに投降しました」

と放送をしていた訳である。実際の効果については、先の通り、コン・デュオンは知らない。しかし、「脱走には厳しい処分が待っています。だから政府軍であれ、ベトナム軍であれ、脱走してまでクメール・ルージュに入ろうという者は少なかったでしょう」と推測する。

このようにタイ国境でラジオを発信する方は現実を知らないが、他方、ラジオを聞かされる側の地方村にいるチェット・ソック・チャンナンの証言はリアルである。

「カンボジア人は食べ物がなくなると、身体一つでクメール・ルージュに行きました。身体一つでOKです。もし銃でも持って行ったらすごく褒められます。または一人だけでなく友人を誘って一緒に行くのも非常に喜ばれます」。

一度行くともう戻れないのか。

「そんなことはないです。本当は行ったり来たりはダメです。でも二、三回なら問題ないでしょう」。

そんなことをして、双方から裏切り者だと言われないのか。

「やり過ぎると殺されるかもしれませんが、そういう時は名前を変えて、別の場所に行けば問題ありません」。

またまた、うーんと唸るのみである。私には全く別世界の話である。

「ベトナム兵も同じです。彼らは自分の徴兵の期限を終えると、兄弟の分もやることがあります。ベトナム人だってカンボジアに来るのは嫌です。誰も外国で死にたくありません。兄弟の分までやると、彼の兄弟は徴兵されずに済みます。そして自分は倍の期間になるので少し偉くなれます。新兵が来れば威張ることができ、そして要領良く立ち回れます。死なずに済む確率も高くなります」。

徴兵の延長が延命になると言う。

「死なない方法はまだあります。脱走して国に帰れば、多分刑務所でしょう。そこでクメール・ルージュに逃げるのです」。

何とベトナム兵がクメール・ルージュに脱走すると言う。

「ベトナム兵は日頃の交流で村人と仲良くなっています。そんな関係ができてから『逃げたい』ということになると、村人がクメール・ルージュへの脱走を仲介します。クメール・ルージュと話が付くと、夜、どこかで待ち合わせ、彼を引き渡します」。

クメール・ルージュはなぜ受け入れるのか。

「ベトナム兵はベトナム軍の無線を盗聴するのに役立ちます。だから喜んで受け入れます」。

なるほど、ベトナム兵がアナウンサーになった話を先に聞いたが、無線の盗聴にも使った訳である。盗聴要員なら何人でも欲しいだろう。

「盗聴の仕事がもらえれば戦わないでしょう。だから死なずに済みます」。

なるほど。

「先と同じで、銃を持って行けばもっと喜ばれます」。

それはそうだろう。

ベトナム兵が行方不明になったということで村に迷惑は掛からないのか。

「カンボジア人に殺されたのではないかと疑いますが、でも村に対しては何もしません」。

村人はなぜそんな仲介をするのか。

「カンボジア人はベトナム人が嫌いです」。

うーん。ベトナムの部隊に混乱はないのか。

「行方不明になったのですから探します。でも、現実にいないのですから、それ以上、どうしようもありません」。

それもそうだ。

「ひどい時は、逃げる前に自分のリーダーを殺して行く人もいました。折角だから殺しておこうと」。

上官への日頃の恨みを晴らしてからクメール・ルージュに身を投じた者までいたと言うのだから、

戦場とは修羅場である。最前線がこんな状態では、ベトナムのカンボジア占領はなかなか思うように行かなかったことだろう。

「『カンボジア人を全部殺さない限り、この戦争は終わらない』とベトナム兵が話しているのを村人が聞いたことがあります」。

外国で戦争する難しさを如実に示している。

暴力的な夫だから嫌いだが、でも反省すれば本来は家族である。しかも、夫は良いパトロンを見付けたようである。それに対して他人はあくまでも他人、我が家にいて欲しくない。

クメール・ルージュかベトナムかという先の問いの答えとして、私はそんなことを考えた。念のために言えば、「夫」はクメール・ルージュ、「パトロン」はアメリカなど西側諸国と中国、「他人」はベトナム、「我が家」はカンボジアである。コン・サンロートは「カンボジア人の感性に近い」と褒めてくれた。「ここはカンボジアだ。ベトナム人は出て行け」。クメール・ルージュのラジオは結局これを言い続けていた。

「アメリカはじめ西側諸国と中国の支援」、
「民衆の反ベトナム感情」、
「戦場と化した途上国の貧困」、

政権崩壊後のクメール・ルージュは、これらを背景にタイ国境で生き伸びた。

「ポル・ポト大学」

コン・デュオンはポル・ポトの近くで働き、彼が召集するミーティングに何度も参加した。そこで、世界史に悪名を刻むポル・ポトの言葉をいつも聞いていた。コン・デュオンが忘れられない台詞がいくつもある。

「人には両親から頂いた大切な要素があります。『誠実』と『忍耐』です。この二つは皆、平等に両親から受け継いでいます。これを守ってこそ人は成功します。いずれか一つでも欠いたら両親を裏切るのに等しいことです」。

次の言葉も強く記憶に残っている。

「成功するためには人々から尊敬されなければなりません。それには『他者を尊敬すること』、『他者を愛すること』、『他者を正当に評価すること』、『他者に謙虚であること』の四つが必須です」。

こんな言葉を発する人がどうして虐殺政権の首魁となったのか。

まだある。一九八五年、ベトナム軍がタイ国境にまで進撃し、クメール・ルージュはタイに追いやられた。タイ国境に近い一帯は政府の地雷埋設作戦（K5《コープラム》作戦）で封鎖された。(28) この時、多くのクメール・ルージュ司令官が戦意喪失に陥った。そんな折、ポル・ポトは司令官を集めて言った。

「強い軍の司令官とは常に勝利を収めている人ではありません。苦い敗北を知っている人です」。

また、ある時は、ジャングルの中で、たまたま一緒になったコン・デュオンら数人に言った。

「あなた方は大学で勉強していません。だからといって勉学の場を失ってしまった訳ではありません。周りに目を向けて、そこにあるものをよく見て下さい。実社会で様々なことに気が付けば、大学で学ぶ以上の勉強ができます」。

また、こんなことも言った。

「夕方、川で水浴びをしてくつろいでいる時間に、家の近くにサトウキビやパパイヤを一、二本植えて下さい。そうすれば、人から買うお金を節約できます。いざという時の食糧確保にもなります。時間を有効に活用しないで、毎日漫然とバレーボールなどに興じているのでは無駄遣いをします」。

まるで生徒に教え諭す教師である。そう思った私だが、期せずしてコン・デュオン自身が言った。

「ポル・ポトと第一三一局スタッフは先生と学生のようでした」。


ポル・ポトの言葉はポル・ポトならではのものというよりも、年長者が若者に向かって吐く台詞に聞こえる。コン・デュオンは中学三年生の時、首都郊外の地方村でクメール・ルージュに拘束された。以来、家族と離れ離れの一人ぼっちであった。様々な人生訓を聞かせてくれるはずの肉親を失った彼が、彼の人生を狂わせたクメール・ルージュの首魁ポル・ポトを先生と仰ぐようになるとは、何とも皮肉な展開である。

「デュオン、太ったね」というポル・ポトの一言に怯えた話は先に述べた。深層においては一面、恐怖を感じつつ、反面、「ポル・ポトは私の親であり、先生でした」と彼は言う。アナウンサーとして話し方を、放送原稿執筆者として文章の書き方を教わった。さらには日常生活の送り方も、人としての生き方も、ありとあらゆることを教わった。ポル・ポトが何か言葉を発する時、彼は全神経を集中して聞いた。「私は『ポル・ポト大学』で色々なことを勉強しました」。

シエムリアップ市内のホテルで、一日かけてコン・デュオン（右）にインタビューする筆者（左）。中央は通訳コン・サンロート

一九九六年、パイリンのイー・チエンらが政府と統合した[29]。この時のパイリンには何もなかった。人も物も欠けていた。戦場のど真ん中だったからやむを得ない。

統合後、コン・デュオンは首都プノンペンに行く機会が増えた。ある時、彼はパーティ会場で参加者のテーブルマナーを凝視した。テーブルマナーだけでなく、食器、グラス、フォーク、ナイフの配列、ステージの準備の方法等、あらゆることを見て記録した。「いずれこの知識がパイリンで必要になる」と彼は思った。それは「実社会で学べ」というポル・ポトの教えの実践であった。後日、パイリンで式典が開かれた。その時、彼がその会場作りをリードした。仲間は驚いた。「どうして、あなたはそんなことを知っているのですか」。

コン・デュオンは「ポル・ポトに感謝している」と繰り返し言った。しかし、聞いている私は結局はコン・デュオンの資質の問題だろうと思った。ポル・ポトであれ、誰であれ、彼には年長者の言葉を受け止め、血肉とする力量があったということだ。プノンペンに行ったのは彼一人ではない。しかし、会場設営とテーブルマナーの知識をパイリンに持ち帰ったのは彼一人だった。

一九九三年一二月、ポル・ポトはラジオ局スタッフ数名をタイにあったゲストハウスに呼んだ。「もう会えないかもしれません」と言い、一人ひとりに五百バーツを渡し別れの挨拶をした。(30) その後、ポル・ポトはラジオ局スタッフのためタイ国境の地雷原をトラック二〇台分のＴＮＴ火薬を使って整備した。スタッフはここに家と畑を作った。ポル・ポトは彼らの次の人生の準備をして、彼らの前から消えた。

「以前、私はポル・ポトの本を書きたいと言いましたが、(31) まだ出版できません。私の本は第一三一局で見聞きしたポル・ポト像です。これを受け入れる人もいれば、拒否する人もいるでしょう。でも、嘘は書きません。考えを押し付ける気持ちもありません。歴史の資料として見たまま、聞いたままを書き残します。私が書かないと、一つの歴史が消えてしまうと思っています。判断は後世の読者に任せます」。

しかし、「まだ出版の時期でない」と彼は言う。コン・デュオンが書こうとしているのは三派連合政府時代のポル・ポトである。その時の敵は「ベトナム」であり、かつ彼が現在の地歩を得ているカンボジアの現政府につながるヘン・サムリン政権である。ベトナムの支援で成立したヘン・サムリン政権は、その後、現在のカンボジア政府の母体となった。従って、平和になった現在でも、この微妙な綾の読み違えは許されない。それに、ポル・ポト裁判がまだ続いている。本を出すことで裁判に何か影響を与えたり、現政府に迷惑を掛けたりしたくない。だから、出版は少なくとも裁判が終わってからになる。本にはポル・ポトに捧げる一文を載せたいと言う。

彼は面白い比喩をした。「本を書くのは果実の木を植えるのと同じです。パパイヤは今日植えても、明日植えても、いつか木には実がなります。いつ出版しても後世に伝わればそれで良いのです」。

あのポル・ポトに感謝する男が私の目の前にいる。

第二部

ポル・ポトの処刑を見た男

――リム・サローム

サクンとの出会い

一九九七年一二月、私はプノンペンからトンレサップ川を遡り、シエムリアップに向かう船に乗った。プノンペンの船着場は客の奪い合いだった。客とは船客ではない。船が着いた先のシエムリアップのホテルの宿泊客である。

「ホテルは決まっているのか」と、男が英語で聞いて来た。「まだだ」と答えると、「良いゲストハウスがある」と言う。「ゲストハウス」はカンボジア人の発音では「ゲスハウ」と聞こえる。尤も、この方が英語本来の発音に近いだろう。そのゲスハウには日本語を話すスタッフがいると言う。「OK」と答えると、彼はすぐに携帯電話で連絡した。シエムリアップの船着場に若い男が迎えに来るらしい。

リム・サローム

シエムリアップに着くと、ゴリラのような青年が現れた。ゴリラとは失礼だが、最初、本当に、そう思った。ゴリラ君は日本語を話した。しかし、ただ覚えていることを言うだけで、こちらの質問にはほとんど答えられない。最低限の案内ができるだけだった。彼に連れて行かれたゲスハウは薄汚れていた。部屋の壁には亀裂が走っていた。親戚がオーナーで、それを手伝っているらしい。

その日、私はズボンをクリーニングに出した。翌日、「あなたのズボンがなくなりました」とゴリラ君が言って来た。「あのズボンは百ドルする。現金で弁償しろ」と迫ったら、すぐに見付けて来た。いかにもカンボジア的だった。

彼は高校を卒業後、シエムリアップ市内の日本語学校で勉強し、アンコールワットのガイドとなった。アンコール遺跡の案内用に彼が書いた日本語の原稿を見て欲しいと頼まれた。それを読んで私は絶句した。間違いなくそこにあるのは日本語だが、全く意味を為していない。アンコールワットの中の「乳海攪拌《にゅうかいかくはん》」などのストーリーだが、こんな支離滅裂の解説を聞かされたのでは、大枚叩いてカンボジアに来た観光客は堪ったものではない。私は原稿を預かり、日本に持ち帰った。何とか元の文を活かして添削しようとするが、これが実に難しい。苦労して書き直した原稿は翌年夏、シエムリアップを再訪し、彼に渡した。その時、「ひらがな付き　英和・和英日本語事典」もプレゼントした。これがゴリラならぬプルム・サクン君との出会いだった。

その後一七年、もはや彼は立派な日本語話者である。日本語ガイドを出発点に、各種ビジネスにチャレンジし、現在、不動産会社の社長である。言語を一つマスターすることで人生が変わるという事実を私は彼に見せられた。やがてプライベートな相談にも乗るようになり、今では私を「お父さ

リム・サロームの女婿プルム・サクン

ん」と呼んでくれる。

そんな彼が大変美しい女性と結婚した。彼女の名はリム・ビリア。通信教育でオーストラリアの大学の修士課程を修了し、現在シエムリアップにある大学の教壇に立っている。二人の間には男児が二人生まれた。

二〇〇九年一二月、カンボジア訪問時、空港に出迎えてくれたサクンがいつになく丁寧に私に言った。「ビリアのお父さんに会って頂けませんか」。

どういうことかと聞いてみると、彼の岳父は、ポル・ポト時代、処刑のアシスタントをしたことがあると言う。その話を私に聞いて欲しいとのリクエストであった。それもバッタンバン市郊外にあるかつての収容所跡地で話したいと言う。私は快諾した。数日後、私はバッタンバン市の岳父の家に向かった。

地方の農家の三男坊

彼の名はリム・サロームと言う。カンボジアのプルサト州チューティールカンチョム村に生まれた。プルサト州はカンボジアの西部に広がる山と緑の溢れる広大な州である。

リム・サロームは一九五二年生まれである。生まれ年は分かっているが、月日は分からない。当時のカンボジア人には、こうしたことが多い。とはいえ二一世紀の今日、これでは生活に支障を来す。そこで彼は三月一一日生まれとした。奇数が好きだから思いつくところを並べてみただけで、特段の理由はない。

実家は農家である。兄弟姉妹は九人。男四人、女三人、男二人の順で、男女のグループが交互に並んだ。リム・サロームは三番目の男だった。今、七人生きている。男二人が死んだらしい。七人生存とは、長期間、戦乱や混乱に直面したカンボジアでは幸運な方かもしれない。

彼は生まれた月日だけでなく、小学校に入った年もはっきりしない。どうやら一九五九年、七歳の入学ではないかと思われる。カンボジアがフランスから独立を勝ち取ったのが六年前の一九五三年のこと。一九五九年頃のカンボジアは隣国ベトナムで繰り広げられている戦争とは無縁の穏やかな日々を送っていた。

内戦勃発

一九七〇年三月一八日、シアヌークがフランスからの帰途、アメリカの後押しで親米ロン・ノルがクーデターを起こした。帰国できなくなったシアヌークは中国・北京からカンボジア国民に、「反アメリカ」、「反ロン・ノル」の闘争を呼び掛けた。こうして平和だったカンボジアが一転、戦場と化した。その戦いの中心にいたのが中国の支援を得たクメール・ルージュだった。

「フランスから独立した後も国民の生活は豊かではありませんでした。私の村も貧しかったです。そんな時、ロン・ノルのクーデターが起きました。これに反発したクメール・ルージュは地方の村で戦争を始めました。私の村も戦場になり、クメール・ルージュ兵が出たり入ったりしていました。この頃、農村部は争奪の対象となっていましたが、プルサト市街はまだ攻撃されていませんでした。そこで私の家族はプルサト市に逃げました」。

地方では戦闘が繰り広げられ、クメール・ルージュは支配地域（解放区）を徐々に拡大し、首都プノンペンに向かっていた。

実はプルサト市に移る前、リム・サロームは故郷で出家した。上の兄二人とすぐ下の弟一人はロン・ノル政権軍兵士となった。既述のように男四人、女三人、男二人と続く兄弟姉妹である。リム・サロームは三男だから、長男から四男まですべてが家を出た訳である。無論、家計を助けるためである。なお、兄二人は後日、家に戻ったが、四男は帰って来なかった。「死んだらしい」と先に言った二人の内の一人である。

強制移住

プルサトに移って二年目の一九七二年、リム・サロームはウントゥーン仏教中等学校で学ぶためバッタンバン市に行った。仏教中等学校とは出家者のための学校である。この時、当時八歳だった八番目の弟を同行した。これも家計を助けるためである。この弟のことが四〇年以上経った今も彼を苦しめる。詳細は後述する。

一九七五年四月一七日はカンボジア史に深く刻まれている。この日、クメール・ルージュは首都プノンペンを陥落させ、以来一九七九年一月七日に至るまでカンボジアを支配した。この間の余りにも極端な共産化政策によって、いや「政策」と呼ぶには余りにもお粗末で暴力的な統治によって百万とも二百万とも呼ばれる人々が死に追いやられた。

クメール・ルージュがバッタンバン市を占領したのは四月一八日である。[1] クメール・ルージュがプノンペン市民を市街地から地方に強制移住させたことはよく知られているが、バッタンバン市も同じだった。街は大混乱だった。

「バッタンバン市から追い出された人々の列がどこまでも流れるように続いていました。何が何だか分かりません。街から少し離れた道路にはクメール・ルージュ兵が立っていて、田圃や森の中に人々を追い立てていました」。

田圃や森に人を追いやるとは、どういうことか。

「道路の上を歩かせたくないのです」。

意味が分からない。

「道路から離れなさいということです」。

まだ分からない。よくよく聞いてみると、道路とは街と街をつなぐものである。だから「田圃や森に入れ」ということは、「どこか村に行け」という指示になるらしい。

どこそこの村に行けという具体的な指示はなかったのか。

「田圃に入れ、森に行けと言うだけでした。とにかく道路から離れて、どこでも良いから村へ行けということでした」。

こうして都市住民を村落に追いやった。尤もバッタンバン市民とて初めからクメール・ルージュ兵に従順だった訳ではない。「街を出ろ」と言われた時、誰もがすぐには従わなかった。言うことを聞かない人々は容赦なくクメール・ルージュ兵が射殺した。それでやっと皆、街を出た。道を離れる時も同様だった。指示に従わない者は射ち殺された。混乱の中で高齢者や病人は路上や田圃で倒れ、死んだ。妊婦は路上や田圃で出産した。修羅場だった。

強制還俗

僧侶とて例外ではない。街を出された。リム・サロームは最初、法衣のままバッタンバン市の西方約一七キロのトロピセイ寺まで歩いて行った。この寺には街を出され、とにもかくにもここに来た僧侶で溢れていた。どうしたものか全く分からない。さらに、「還俗せよ」との命令が出された。共産主義は宗教を否定する。「宗教は寄生虫」だと言われた。

そこで様子を見ようと、リム・サロームら何人かの僧侶はトロピセイ寺から、市街に少し近いクドール寺に移った。そこは行き場を失った多くの市民でごった返していた。何をどうすれば良いか分からない彼らは法衣をまとっているリム・サロームらを見て、まるで地獄で仏に会ったかのように一斉に尋ねた。「これからどうすればよろしいのでしょうか」。

聞かれた方とて分からない。「今後のことは全く予測できません。僧侶には還俗の指示が出ました。私たちもこれからは皆さんと同じ生活をしないといけません。今、法衣をまとっているのは普通の服を持っていないからです」。そう言ったリム・サロームに、一人の男性がシャツ二枚とズボン一本をくれた。とはいえ、すぐに着替えられない。法衣を脱ぐにはしかるべきけじめをつけなければならない。五日後、彼はもらった服を持って、還俗のため長老を探してクドール寺を出た。世俗に戻るには長老の指導が必要である。たまたま近くのロムドゥール寺に年輩の僧侶が二人いた。一人は知人だった。

リム・サロームは還俗の儀式を頼んだ。本来なら年輩僧侶四人の前に座り、還俗する側と還俗させる側が互いに読経し、最後に四人の導師から今後の生き方について説法を聞かねばならない。しかし、この時、そんな厳密なことは言っていられない。「私は儀式を満たさずに還俗し、着替えてしまいました」。生真面目な彼は不完全な儀式で済ませたことを今も気に掛けている。

飢餓のサハコー

こうして俗世に戻ったリム・サロームだが、さて、どこで、どう暮らせば良いか。まずは知人のいるチュレイカオン村に向かった。クメール・ルージュ政権下では、村は「サハコー」と呼ばれる共同生活の場に再編されていた。彼はチュレイカオン・サハコーの一員としてクメール・ルージュから畑仕事を許され、一日一コンポンの米を配給されることになった。一コンポンはコンデンスミルクの缶の一杯に相当し、約二五〇グラムである。これでしばらくは飯が食えた。

ところが、やがて深刻な食糧不足に見舞われた。雨季の八月に食べ物が全くなくなった。カンボジアは雨季と乾季に分かれる。雨季は大体六月から一〇月まで、そして乾季は一一月から翌年五月までである。米は乾季に収穫する。つまり一一月以降の米の収穫期を迎える前に米がなくなった訳である。米の配給はストップした。米に代って糠が配給された。だが、それもすぐなくなった。人々はバナナの木、パパイヤの木、その他、手当たり次第、木の根を食べ始めた。念のため言うが、バナナやパパイヤそのものを食べたのではない。それらの「木」を食べたのである。

人々は口にできるものは何でも食べた。中には毒草で亡くなる人もいた。飢餓地獄だった。クメール・ルージュ政権成立直後の飢餓は並大抵のものではなかった。それを何とか生き抜いた人々は年末の一二月、収穫したばかりの米の配給にありつけた。

足跡は人間、ウンコは豚

栄養不足で一旦やせ細った身体に久々に食べ物が入るとどうなるか、初めて彼は知った。骨と皮になった身体に再び肉が戻って来るが、それは肉というよりも、さながらスポンジだった。変わり果てた己の姿に驚愕した。

そんなところへ再び飢餓が来た。この時の惨状は以前にも増して筆舌に尽くし難い。一九七六年三月、配給が減り、雨季に入る頃には食糧がなくなった。一人一日分として配給されたのはココナツ一個だった。

この頃、サハコーの集会が多くなった。大体一〇日に一度、集められ、オンカーの指示を聞かされた。クメール・ルージュ政権は指令を出す上部組織を漠然と「オンカー」と呼んでいた。サハコーの幹部はこう言った。

「ないよりも少ない方が良い」。

これはクメール語（カンボジア語）の直訳である。日本語なら「少なくても、ないよりはまし」である。リム・サロームらはこの言葉を何度も聞かされた。クメール・ルージュが政権を握ってからわずか一年の間に、当初の「御飯」と呼べる状態から「水の多い粥」に代わった。さらに米がなくなり、最後は口にできそうなものは何でも食べた。人々は血便に苦しんだ。当時、こんなことが言われた。

「足跡は人間。ウンコは豚」。

大便の近くにある足跡を見ると排泄したのは人間のようだが、そこに落ちている大便は本来口にしない木の根、木の葉などが未消化で、およそ人間のものとは思えなかった。

こうした状態で人が一杯死んだ。サハコーは四百世帯ぐらいあった。家族が五人とすれば、二千人、一〇人とすれば四千人、相当な数である。その人々が次々に倒れて行った。そんな時、リム・サロームは倒れて生死の境をさまよっていた数人に言われた。

「このままここにいると、俺たちのように死んで行くしかないぞ。若いお前にはまだ歩ける足がある。早くどこかに逃げろ」。

この言葉に後押しされ、彼はサハコーを脱走する決意をした。一九七六年一〇月のことだった。

米の拠出のコンテスト

それにしても、一九七六年に食べ物が極端に不足したのはなぜか。リム・サロームは言う。

「後から知ったことですが、この頃、オンカーは米の拠出のコンテストを行ったようです。どの地方がどれくらいの米を中央に提供できるかという競争をやらせたのです。このため地方幹部は業績を上げるため大量の米を民衆から取り上げました。こうして国民の食べる分がなくなりました」。

なぜそんな競争をやらせたのか。山田寛によれば、クメール・ルージュ政権は七七年から八〇年の四年間で米を総計二六七〇万トン生産する計画を立てた。その内七〇〇万トンを輸出して約一四億ドルの外貨を稼ごうと考えた。その際、二六七〇万トンの約三分の一をプルサト州やバッタンバン州など北西部の大穀倉地帯の収穫に期待した。だが、ロン・ノル時代のアメリカ軍の空爆による田畑の被害を考慮していなかったことや大都会から無理矢理連れて来た都市住民に農作業をやらせたこと等々で思い通りに行かなかった。この結果、七六年も七七年も米の生産は予測を下回った。しかし、中央からの指示を果たせないことで「裏切り」の嫌疑を掛けられるのを恐れた地方幹部は地元の人々の食糧用まで拠出した。こうして北西部では年間数万人が餓死した。(2)

リム・サロームは言う。「ロン・ノル政権を倒す戦争の時、中国から借りた金を返済するためだったということです。ヌオン・チアが（ポル・ポト）裁判で、そんなことを言ったのを聞きました」。

山田寛は、自主独立を謳うクメール・ルージュは「中国からの援助物資も倉庫にほったらかしにして腐らせた。援助ではなく対等の貿易だと胸を張るために、特に北西部から住民用のコメを取り上げて輸出に回し、飢餓を引き起こした」[3]と指摘する。つまり、自主独立という理念が極端に先行した結果もたらされた飢餓輸出であると言う。クメール・ルージュ幹部の責任は余りにも大きい。

ロン・ノル政権の成立でカンボジアはベトナム戦争に巻き込まれ、アメリカ軍の空爆で国土はボロボロになった。一九七五年、クメール・ルージュ政権が成立した直後のアメリカ国際開発局スタッフのレポートは「大規模な外国からの援助がなければカンボジアでは飢餓が起きる。そしてそれを乗り越えるためにロン・ノル政権を支持した者に奴隷労働が課せられるだろう。そしてこの事態は二〜三年続くだろう」とまとめられている[4]。正しくクメール・ルージュ時代の状況が予言されている。これがクメール・ルージュ政権成立時のカンボジアの現実であった。

だからこそ外国（現実には中国）の支援が必須であった。だが、フランス植民地支配を脱したわずか一七年後にアメリカの傀儡政権（ロン・ノル政権）が作られ、国土を荒らされた。こうした流れの中で、カンボジア人が「外国に振り回されたくない」、「自主独立だ」となる心情は分かる。しかしながら、それが余りにも強く意識され、さらに極端に観念的な共産主義が持ち込まれると、こんな事態を招いてしまう。

リム・サロームはチュレイカオン・サハコーに入る前、バッタンバンに連れて来た弟をプルサトに帰らせた。先が全く読めなかったので親元に戻しておく方が良いと考えた。もう一一歳になっていたから独りで行けると思った。だが、以来、生死不明である。この弟が先に「死んだらしい」と言ったもう一人である。

「行かせたのを後悔しています。変なことが一杯起こっていましたが、いくら何でも、これで二度と会えなくなるとは思いませんでした。大混乱の中、恐らく途中で食べ物がなくなり、飢え死にしたのでしょう」。

かといって、一緒にいたとしても、弟がチュレイカオン・サハコーで飢餓を乗り越えられたかどうかは分からない。行かせて良かったのか、悪かったのか、リム・サロームはずっと問い続けている。彼の心の傷は癒えない。

収容所

「若いお前にはまだ歩ける足がある」の言葉に励まされ、リム・サロームはサハコーを脱走した。彼はコーンチャラットを目指した。コーンチャラットとは元気で健康な独身青年が集められた集団で、例えばダム建設など体力を要する作業に従事した。(5) 昼夜の別なく重労働を強いられるが、その分きちんと食事が支給されると聞いていた。最も近いコーンチャラットはバッタンバンの西方約一五キロ、ヴィアルトリアにあるらしい。とにもかくにも彼は飯が食いたかった。

だが、あっさり捕まった。サハコーから四キロ歩いたコーコウ村でクメール・ルージュ兵に見付かった。サハコーから外に出るにはサハコー長の許可が必要である。「移動許可書不所持」で即座に逮捕された。

放り込まれた収容所はレンガ工場を転用したものだった。翌日から厳しい尋問が始まった。リム・サロームは他の四人と一緒に尋問された。「ヴィアルトリアのコーンチャラットに行こうとしました」と彼は答えるが、信じてもらえない。尋問係は他の罪人を殴って見せ、「嘘をつくな。本当のことを言えば釈放する。そうでないと、お前もこうなるぞ」と脅した。彼は本当のことを言い続け、そして殴られ続けた。

四日後、別の収容所に移された。バッタンバン市から一〇キロほど北にあるアエクプノム収容所[6]である。途中の道は冠水していた。ひどい場合は腰まで水に浸かった。水の中を歩いていると、後ろ手に縛られている紐が緩んで少し楽になった。このことを連行係は知っていたようで、水から出るとすぐにきつく縛り直された。

収容所に着いて言葉を失った。壁の上下に取り付けられた鎖で、首と両足首を繋がれた男性がいた。これでは座ることも、寝ることもできない。壁にくっ付くようにぐったりしていた。これが重罪人であることは後から知った。

リム・サロームは四人から六人をまとめて拘束する長い鉄製の足枷をはめられた。

尋問——助かったリム・サローム

アエクプノム収容所に連れられて二日後、尋問が始まった。とはいえ、いきなり暴力的ではなかった。最初は穏やかに問い掛けられた。先の収容所と同じで、「本当のことを言えば釈放する」と言われた。これに対してリム・サロームは答えた。

「ヴィアルトリアのコーンチャラットに行こうとしました」。

これが真実だから、こう言うしかない。だが信用されない。しばらくして尋問係は思い掛けないことを言った。「お前は『コブラ運動』に参加するためにサハコーを逃げたのだろう」。

「コブラ運動」の「コブラ」とは毒蛇を意味する英語(cobra)である。ロン・ノル政権がクメール・ルージュに倒された時、イン・タムら[7]政府首脳はロン・ノル政権軍兵士の一部を引き連れタイ国境に逃げ、クメール・ルージュに抵抗した。それを「コブラ運動」と言うらしいと、彼は後日知った。「私はその時、何も知りませんでした。イン・タムらはアメリカの支援を待っていたようです。しばらくはタイの支援があったのでしょうが、結局アメリカが動かず、いつの間にか消えてしまったのだと思います」。

やがて「お前は本当のことを言っていない」と尋問官が言った。ここから凄まじい拷問が始まった。まず手足を縛る。そして頭にビニール袋を被せる。当然、息ができない。放置すれば確実に死

ビニール袋の拷問〔シエムリアップ市の「カンボジア歴史絵画伝承館」の展示絵画〕

ぬ。「まるで調理される魚のように全身がぴくぴく痙攣しました」。

意識を失うや否や、思い切り水を掛けられた。そして意識が戻ったその瞬間、同じ質問がぶつけられた。「お前はコブラ運動に参加するつもりだったのだろう」。朦朧たる意識の中では人は嘘をつけないということであろう。真実の告白をさせるのに、こんなやり方で迫った。リム・サロームは何とか口を開いて答えた。「私はヴィアルトリアのコーンチャラットに行こうとしていました」。すると、またビニールの袋が被せられた。

これを繰り返しやられた。その都度リム・サロームは同じ答えを搾り出した。彼はこの拷問の様子をインタビューしているホテルの部屋で私の前で実演してみせた。その時の苦しみを分かってくれといわんばかりに緊迫の演技で再現してみせた。

＊　＊　＊

後述するが、彼はその後、処刑のアシスタントをやらされた。そこで次のことを知った。

・拷問前後の答えが違ったら処刑する。
・拷問前後の答えがずっと同じであれば、真実を語っているとみなされ無罪となる。
・ただし、それですぐに釈放されるわけではない。念には念で拘束を続けた。そして、その場その場の事情で処刑されることがあった。
・拷問中、死んでも何ら問題でない。
・女性の場合、処刑と決まったら執行前にレイプすることがあった。

彼が忘れられない話がある。高校生だった若い男が捕まった。都市住民だから容疑はロン・ノル政権軍との関連であった。「ロン・ノルの軍隊と関係があるだろう」と責められた。彼は否定したが、どうしても許されない。やがて彼はあることを言った。学生は必ず学校で軍事教練を受ける。軍事教練とは教育の一環として軍人が学校で軍事教育を施すことであり、戦前の日本でも行われた。「私は軍とは無関係です。ただ、学校で軍事教練を受けたことはあります」。この本当のことを言ったので拷問はすぐに止められた。だが、彼がほっとしたのも束の間、直ちに処刑された。

リム・サロームと一緒に拷問を受けたのは四人だが、内二人は数日後に処刑された。どんな罪なのか彼は知らない。彼ともう一人が処刑を免れた。しかしながら足枷は続き、その後も数日に一度の割で尋問された。何度聞いても同じ答えだから、やっと信用された。「全く問題ない」と認定されたのは拷問開始から一〇日の後だった。

＊　＊　＊

ここで、彼はとんでもない役目を命じられた。何と処刑のアシスタントだった。彼が終生忘れえぬ、そして、決して回復できない傷を負った一三日間が始まった。

・処刑者の遺体を埋める穴を掘る。
・処刑後、遺体を穴に埋める。

この二つが仕事であった。処刑そのものは行わない。それは執行官の仕事である。

これを、リム・サロームを含む八人の男性がやらされた。とはいえ、体制側の一員として遇された訳ではない。夜は、これまで通り足枷で拘束され、収容所に放り込まれた。

なお、リム・サロームと一緒に処刑を免れたもう一人は八人の中にいなかった。彼がどうなったのか気になるが、その後のことは分からない。

アシスタントになって「ビニール袋」以外の拷問を知った。彼が見たのは二つだった。一つは「ドラム缶の拷問」である。手足を縛った囚人に、ガソリンを入れる二〇〇リットルのドラム缶を被せ、外からガンガン叩く。中では手の自由が利かないから耳を塞げない。反応がなくなるまで叩き続けた。叩かない時は酷暑の中、終日、放置した。カンボジアは熱帯の国である。ドラム缶の中の温度はどれくらいになるのだろう。長時間放置した場合は、外に出すとほとんどが死んでいた。

もう一つは「斧で足を叩く」方法だった。足の膝と足首の間を斧で叩く。叩き折るように激しくやるのでなく、軽く叩いて少しずつ傷付ける。当然血だらけになる。そうなってから灰を擦りつけると大変な痛みに襲われるらしい。しかも、傷口に灰を塗れば治療効果もあるかもしれないというからえげつない。つまり、ビニール袋やドラム缶とは違い、長期に亘り責め続けられるものである。

逃亡

囚人を拘束する足枷には鉄製と木製の二種類があった。鉄製はΩ形の鉄の円形部分に足を入れる。木製は上下の板の真ん中に穴を開け、そこに足を入れる。だから、いずれも足を入れた後は横になって寝ているしかない。

入れる足は左右どちらでも良い。一方の足が疲れたら看守に申し出て反対にしてもらった。既述のように一本の足枷に四人から六人が拘束されたが、彼らは足枷の同じ側に並ばされた。ある人は右側で、またある人は左側ということはない。

　鉄製は全員が足を入れた後、長い棒を横に通し、足が外れないようにして鍵をかけた。木製は左右両端に縦に棒を通して鍵をかけた。従って、一人だけ取り出す時でもいちいち鍵を外さないといけない。逃亡防止で取り出す当人以外は予め手を縛っておいた。最も多い取り出しの理由は大便だった。小便は足枷のままビンで済ませたが、大便は外でやらせた。だから大便の要求は看守には面倒なことだった。

　ある日、木製で拘束されている男性二人が大便で外から戻る時、それぞれ小石を隠し持って来た。再び足枷をされる時、彼らはそれを板と板の間に挟んだ。足枷がきちんと締まったかどうか確認するため看守は鍵をかけてから足枷を蹴るのが常だった。その時も蹴ったが、小石の細工に気付かなかった。石を挟んであるから幅が広くなっており、当然足は抜ける。夜になって、一本の足枷に拘束されていた四人が脱走した。

　やがて大騒ぎになった。探索が始まったが、どうにも見付からない。収容所の面子にかけてスタッフ総動員で探し回った。この収容所は田舎の田園地帯にある。一面の大地が広がるのみ。逃げ場、隠れ場はどこにもない。数日間、何とか逃げたが、最後には二、三〇キロ先で全員捕まった。連れ戻された彼らは直ちに殺された。

　次のようなこともあった。夜、二人の男性が大便で外に出て、わざと服や身体に汚物を付け、池の水で洗わせて欲しいと看守に頼んだ。看守とてそんなものを洗ってやる気は全くない。近くの池に連れて行き、紐をほどいた。二人は手が自由になった瞬間、池に飛び込んだ。

直ちに水面に向け銃が乱射された。彼らは水中で息を潜めているはずだが、いくら撃っても浮かんで来ない。そこで発電器が持ち出され、灯りが照らされた。収容所スタッフは池の周りを取り囲み、さらにはスタッフ数人が水に飛び込んで捜索した。

鉄製足枷。プノンペン市内のツールスレン博物館に展示されているもの。男性は特定非営利活動法人・インドシナ難民の明日を考える会の会員

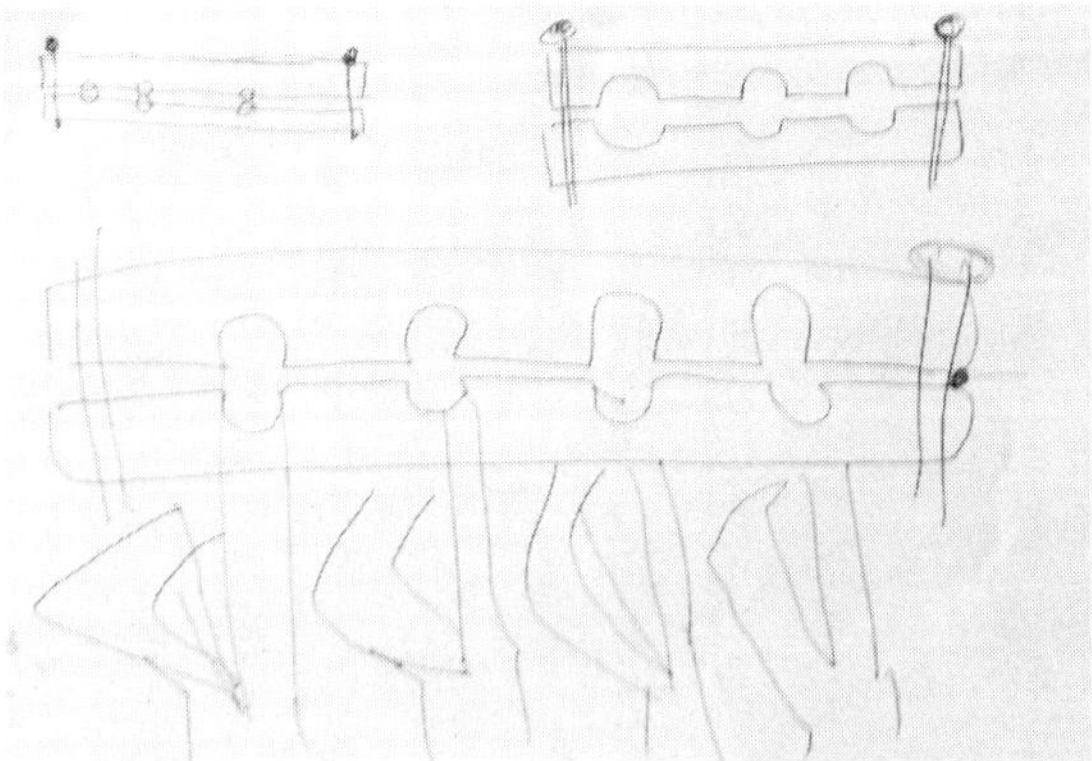

木製足枷。リム・サロームの話を聞きながら、通訳コン・サンロートが描いたもの

間もなく一人捕まった。だが、もう一人がどうしても見付からない。池の水は非常に汚かった。飛び込んだ捜索者は全身が痒みに襲われた。スタッフの苛立ちはピークに達した。怒りは他の囚人に向けられ、手当たり次第、殴られた。リム・サロームも顔面を一発やられた。

捕まったのは数日後だった。池の中にいたのか、どこかに逃げていたのか、彼は知らない。ただ見付かったとだけ聞いた。二人が処刑されたことは言うまでもない。

寺院と遺跡の収容所

私は二〇〇九年一二月と二〇一〇年八月の二度、この収容所をリム・サロームの案内で訪れた。彼がここで初めに入れられたのはアエクプノム寺院の中だった。クメール・ルージュは寺の本堂を収容所に転用していた。カンボジアは敬虔な仏教国である。寺院で凄惨な拷問を行ったというのだから、カンボジア人には悲痛な事態であっただろう。収容所以外では寺院は豚小屋、収穫米の倉庫、政治教育集会場にもされた(8)。

アエクプノム寺院の近くには今も昔も浮稲の田圃がある。そのためここは人の往来が多く、すぐ脇の道から寺院(つまり収容所)の中が見えた。時には行方不明の親族を探して、こっそり中を覗く者もいた。そこで場所が変えられた。寺院の後方にアエクプノム遺跡がある。アンコールワットのような壮大なものではないが、石を積み上げた建造物で四、五メートルの高さがある。その一画にトタン屋根の建物を作り、収容所とした。ここなら覗かれることはない。リム・サロームが収監されている時、全員、こちらに移された。その際、逃走を防ぐため五人一組にして紐でつないで歩かせた。クメール・ルージュ政権下では寺院も遺跡もあったものではなかった。

彼が収容された時、囚人は約八〇人いた。彼らはどんな罪に問われていたのか。以下はリム・サロームがいた三ヶ月間に見聞きしたものである。

一　無許可で移動した。

これはリム・サロームが該当する。

二　米、芋、野菜などを盗んだ。

三　牛を殺して食べようとした。

要するに、一も合わせ、これらは空腹の余り無断で食物を手に入れようとしていた行為である。

次に、

四　ロン・ノル時代に兵士であった、あるいは、軍事訓練を受けていた。

ある人が兵士だったことがすでに判明している場合は、その階級についてもサハコーから収容所に連絡が来ていた。だから、それと同じことを答えるまで拷問が続いた。大半が耐え切れず認め、そして殺された。

アエクプノム寺院

かつて軍にいたことを告白して処刑された工場労働者がいた。また、処刑が正規の兵士だけでなかったことは先の高校生の例でも分かる。中でもリム・サロームが気の毒だったのは、軍にいた友人からもらった軍服を着て畑に出ていた農民である。クメール・ルージュ軍が村に入って来た時、それを着ていたことから元ロン・ノル政権軍の兵士とされてしまった。いくら事情を訴えても通らない。拷問に耐えかねて、ロン・ノル兵だったと認めて殺された。

「バッタンバンに入ったクメール・ルージュ軍はシアヌーク殿下がお見えになるのでお迎えに行きましょうと騙して元ロン・ノル兵を数百人集め、一斉射撃で殺したというのを聞いたことがあります」とリム・サロームは言った。これは事実である。一九七五年四月二三日の出来事だった[9]。要するに武器が使える反対勢力の人々を嫌がっていたのであろう。リム・サロームが助かった大きな理由は、その前歴にある。僧侶には軍と関わる機会がない。

囚人の食事は粥だった。それも収容人数が増えようが減ろうが、米の総量は一日四コンポン（約

アエクプノム遺跡

一キログラム）と決まっていた。これで何十人もの食事に充てようというのだから無茶苦茶である。粥を作れば、当然米粒より水が多くなる。空腹の囚人は大便だと嘘をつき外に出て、葉っぱを持ち帰り、看守の目を盗んで分け合って食べた。「オレにも一枚くれよ」と助け合った。

収容人数に関係なく一日の米の総量が決まっているということは、恐るべき事態と連動する。つまり処刑者が増えると、すなわち収容人数が減ると、一人当たりの食事量が増える。逆に処刑者が少なく収容人数が多くなると、量は減る。

処刑が進むと、飯が増える。

だが、次は己の番かもしれない。

こんな状況で人々はどんな精神状態になるのだろう。

リム・サローームは処刑のアシスタントになってからは、〇・五コンポン（一二五グラム）の米を余分にもらえた。人を殺す手伝いをして、わずかだが飯が増えた。もはやコメントのしようがない。

処　刑

処刑は収容所の脇を流れる川向こうで行われた。リム・サロームら八人の仕事は、先に述べた通り、墓穴を掘ることと遺体の埋葬だった。深さ六〇センチぐらいの穴を次々に掘った。その間、二人の兵士が見張っていた。八人の逃亡防止ときちんと穴を掘っているかの確認だった。

掘った穴には一つにつき一人埋めた。処刑は太陽が西に沈む時間帯に行われた。ちょっと暗くなりかかった頃である。処刑開始までに、その日、掘った数を報告しなければならない。それで、その日の処刑者数が決まった。遺体は執行直後に埋めるので、八人は処刑現場で待機した。従って、殺害の一部始終を見た。この一三日間の異常な経験が今日に至るまで、どれほどリム・サロームを苦しめていることか。

わずか一三日の間でも処刑の手順は変わった。当初は一人ひとり処刑場に連行し、殺害した。だが、大半が逃走を企てた。そこで逃げる背に向かって銃撃した。そうなると、射殺後、死体をいちち墓穴まで運ばないといけない。これが面倒だということで、何人かまとめて後ろ手に縛り、数珠繋ぎで移動するようにした。これなら一人で逃げようがない。

集団移動に変えた後は、各人をそれぞれの墓穴の前に座らせた。そして、処刑執行官は後頭部を斧で殴って殺した。後頭部をやられると、人は激しく痙攣しながら倒れる。倒れた後、リム・サロームらが後ろ手に縛った紐を切って穴の中に落とし、土をかけて埋めた。

もう一つやり方があった。墓穴の前に座らせるまでは同じだが、その後、髪を引っ張り、咽喉を鋭利な刃物で左右に動かして切った。人間は咽喉を切られてもすぐには死なない。コッコッコッコッという音を発して痙攣しながら倒れて死んだ。この方法は収容所内でトラブルを起こした者や処刑の直前に執行官に暴言を吐いた者がやられた。

処刑執行官は三人の男だった。リーダーはハーン、サブリーダーはラット、この二人が主に処刑した。ラットは拷問も担当した。もう一人いたプルーンには別に重要な役目があった。後述する。

処刑執行時の彼らの格好は上半身裸で、半ズボンだった。上着なしで半ズボンというのは衣服に血を付けたくないからである。半ズボンの腰にはアメリカ製のベルトが巻かれていた。ベルトの左側に斧を差し、そしてベルトに付いた小物入れには鋭利に研ぎ澄ましたナイフを収めていた。豚の屠殺人のようだとリム・サロームは思った。

シエムリアップのホテルの一室で、リム・サロームが私に説明しながら発するコッコッコッコッという音、そして、それに伴う動作は、私に実相を伝えようとする真剣さと相俟って、私を往時の現場に誘っているようだった。先に述べたように、私は二度アエクプノムを訪問している。だから、インタビューしているホテルの一室が、あのバッタンバン州の地方村の日没前の荒野になった。そこで

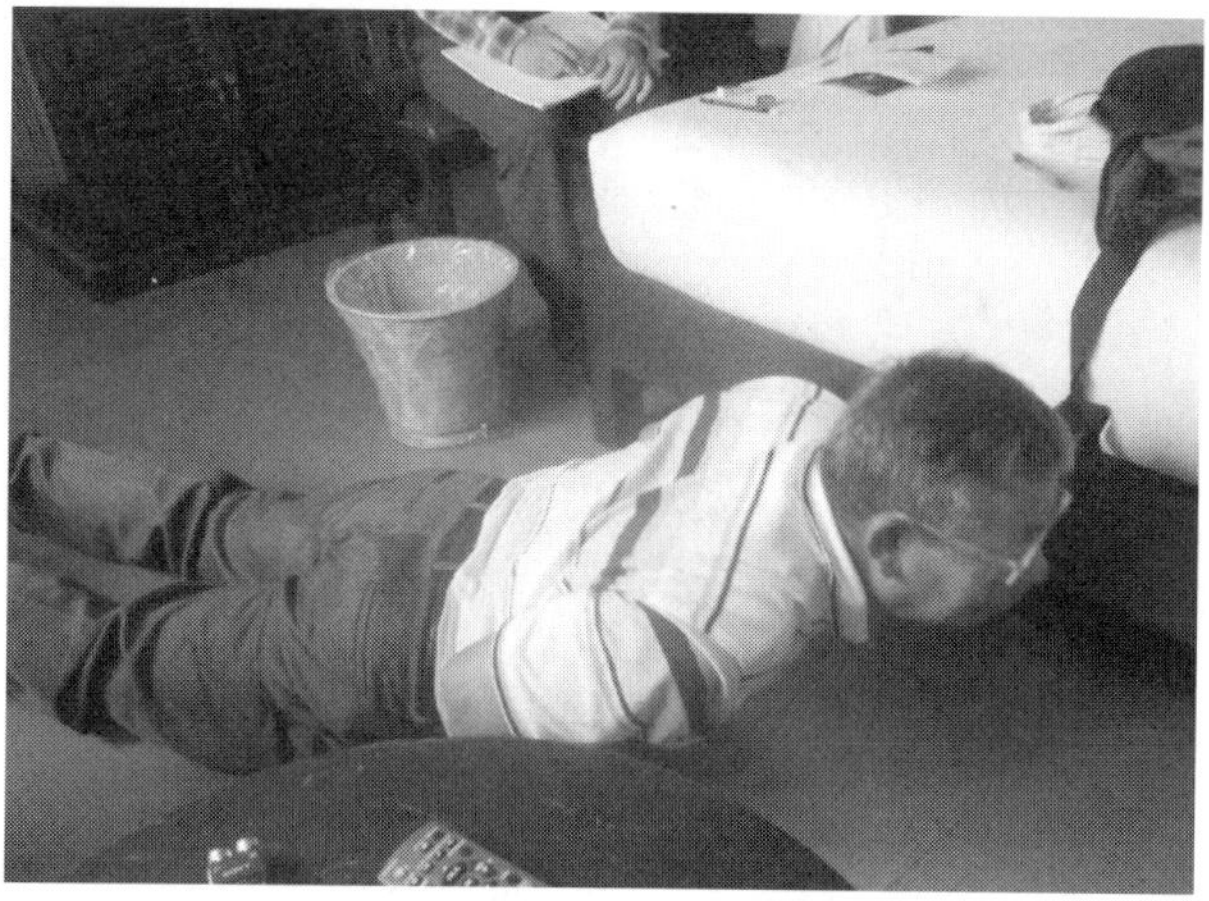

シエムリアップ市内のホテルで処刑の様子を
見せるリム・サローム

咽喉を切られて血を吐きながら死んで行く姿が見えるようで息苦しくなった。私は大袈裟なことを言っていない。特異な体験を持つ者の証言は時間と空間を越えて、聞く者に迫り来る。翌二〇一三年、通訳のコン・サンロートが所用で来日し、我家に二泊した。その時、私はこの思いを述べた。すると彼はこう答えた。

「先生（筆者のこと）の感想を大袈裟だと思いません。実は私も同じです。私はリム・サロームさんの話をまずクメール語で理解します。その上で、先生に伝えるために日本語にしないといけません。つまり二度同じことを考えることになるのです。その都度、私の頭に情景が浮かびます。気持ちが悪くなります。だからリム・サロームさんの話は通訳を終えたらすぐ頭から消すようにしていました」。

二度考えないといけない通訳は、私の倍、苦しんでいた。

処刑の前後

収容所には女性もいた。彼は一六歳と二〇歳の二人が処刑前に暴行されるのを見た。一六歳の少女は泣き止まなかったので、ボトルで頭を殴られ意識を失った。意識のないまま暴行が続いた。横にいた一四歳の弟が「お姉さんをいじめないで」と泣き叫んだら、小便用の瓶で頭を叩かれ失神した。彼は翌日殺された。姉への暴行は三日続いた。もう一人の二〇歳の女性への暴行は彼女と同時進行だった。

リム・サロームが収容所で見た女性の囚人は五人だった。しかし、残りの三人は暴行されなかった。「若くなかったからだろう」と彼は言う。これら女性五人は「同一犯」で、まとめて送られて来た。空腹に耐えかねた男性数人と女性五人が牛を殺して食べようとしたのが見付かったのだった。罪状は「オンカーの大事な牛を殺したこと」だった。

「犯行」は夜だった。牛殺しの実行犯は数人の男たちで、牛を捌《さば》く間、女たちは灯油ランプで明るくする役目と見張りの役目を負っていた。一六歳の少女の弟は見張り役だった。実行犯の男数人は現場のサハコーですぐ処刑された。そして、ランプ役と見張り役の女五人とその弟の計六人については、どうするか検討すべく収容所に送られた。結局は六人とも殺された。

一六歳と二〇歳の女性の処刑は同時だった。川向こうの処刑場まで二人は満足に歩けなかった。二人が処刑場に着くや否や、同じく処刑直前だった男性にハーンが言った。「お前、この女をやれ。おれ、見ている」。処刑直前の男女に性交させ、それを眺めるという猟奇的要求だった。しかし、男は頑として応じなかった。それどころか隙を見てハーンを足蹴にし、腕を縛られたまま逃げた。直ちに後方から銃殺された。「最後にやらせようと思ったのに、逃げちまいやがった」。ハーンはこう漏らした。女性二人もすぐに処刑された。

＊　＊　＊

クメール・ルージュの処刑には、男女に関係なく、ある行為が伴っていた。それは全処刑者から胆嚢を取り出すことだった。リム・サロームの一三日間では皮膚病に侵された男性が一人取られなかっただけだった。摘出は普通は処刑の後だった。大半が後頭部を殴られ、その後、胆嚢を取られた。処刑前に胆嚢を取り出すケースは、その囚人が嫌われていたり、処刑を前にして悪口雑言を吐いたりした場合であった。ハーンらを罵った者は咽喉をナイフで切られて処刑されたとは既述の通りだが、従って、生きながらにして胆嚢を取られ、その後、咽喉を掻き切られるということになる。凄惨以外に言葉がない。

先に記した処刑執行官三人の内、後述すると言ったプルーンの役目は胆嚢を集めることだった。二股に分かれた竹串に胆嚢を五個ずつ挟み、寺の周囲の塀に日干しにした。干した胆嚢は誰にでも見えた。「本当のことを言わなければ、お前らの胆嚢もああなるぞ」というのは、拷問時の脅しの常套句だった。胆嚢は「上の人のための薬」だとリム・サロームは聞かされた。

＊　＊　＊

後頭部を殴られ、さらに胆嚢を取られても人はまだ生きていた。土を掛けると手をかすかに動かして顔面の土を払い除けようともした。アシスタントを始めたばかりの頃、明らかに息があったのでリム・サロームは土をかけられなかった。するとハーンが言った。「なぜ埋めないのか」。リム・サロームが「まだ生きています」と答えたら、彼は殴ってとどめを刺した。

クメール・ルージュ支配下のカンボジアの惨劇を描いた一九八四年制作のイギリス映画に「キリングフィールド（the Killing Fields）」がある。キリングフィールドとは「殺戮の原野」との意味であるが、一九七〇年後半のカンボジアは、確かに常軌を逸する殺戮の原野と化していた。拷問、レイプ、臓器摘出、虐殺、餓死、病死…、混迷の極みであった。

ＰＴＳＤ（心的外傷後ストレス障害）

リム・サロームが初めて処刑を見た時の衝撃は今も抜けない。「強い言葉を投げつけられた時やショッキングなことを見聞きした時に身体が揺れる感覚に襲われます。実際、手が震えます」。ＰＴＳＤ（心的外傷後ストレス障害）であろう。

日本では、殺害現場写真を見せられた元裁判員の女性がＡＳＤ（急性ストレス障害）になったとして、国に慰謝料など約二百万円を求める国家賠償請求訴訟を起こした。裁判員として六日間の全日程に参加し、被害者夫婦の遺体の刺し傷二四箇所のカラー写真を見たり、被害者が消防署に助けを求める一一九番の録音テープの声を聞いたりした。その結果、フラッシュバック、嘔吐、不眠症に苦しむようになったと言う(10)。

この女性の苦しみは察するに余りある。既述のようにリム・サロームの証言を聞くだけで、私も情景が浮かんで苦しかった。また、それを二度味わう通訳のコン・サンロートも苦しんだ。話を聞くだけでも、こうなる。ましてやリム・サロームは写真でもなく、録音テープでもない。殺害現場そのものを見たのである。

＊　＊　＊

一三日間で、どのくらいの人の処刑にかかわったのか。

「数えるなんてことはしていません」。彼はきつい口調で言った。「正確には分かりませんが、恐らく百人までは行っていないでしょう」。

処刑を前に、人は様々な姿を見せた。

何も言わず、じっと目を見開いている人。

ハーンらを「野蛮人」だの「無宗教野郎」だのと罵る人。

「カンボジア共産党万歳」と言った人。

「サムダッチアウ万歳」と言った人。

サムダッチアウはシアヌーク国王の愛称である。この時、シアヌークとクメール・ルージュは表向き協力関係にあった。だから、共産党やシアヌークを讃えることで、ひょっとしたら処刑を免れると思ったのかもしれない。この「王族シアヌーク」と「共産主義」という水と油のセットは中国の毛沢東や周恩来、北朝鮮の金日成らの思惑と仲介の成果であった。(11)

彼が最も忘れ難いのは、後ろ手に縛られ瞑想していた男性のことである。

「カンボジア人がカンボジア人を殺しています。私が死んだら、私の魂はカンボジアから遠く離れたいです。生まれ変わる時はカンボジア人は嫌です」。

これはつぶやく声だった。誰かに聞かせようとしたものではなかった。近くにいたリム・サロームの耳にたまたま届いた。

彼は目の前で繰り広げられる現実に、「こんなことをカンボジア人がカンボジア人にするだろうか。背後で外国人が糸を引いているのではないか」と思った。常識的に考えて同民族が同民族にすることではない。だが、紛れもなく同胞の仕業であった。

収容所にされたアエクプノム遺跡でリム・サローム（右）の話を聞く筆者（左前）。左奥は通訳するプルム・サクン

アエクプノムの処刑現場で、リム・サロームが私に言った。

「この一帯で殺して埋めました。ここには家も田畑もないでしょう。こんなところで米や野菜を作ったり、住んだりしようと思う人はいません」。

確かに指摘の通りであった。明らかにその一画は避けられていた。

「私は見てしまいました。彼らを知り過ぎてしまいました。必ず最後には殺されるだろうと思っていました。それが今こうしてロックルー（先生）にご説明しています。私はよく生きていたと思います」。

＊
＊
＊

一九七九年一月七日、クメール・ルージュ政権は倒れ、ヘン・サムリン政権が成立して未曽有の混乱は終わった。それから約六年後、リム・サロームは処刑のサブリーダーで尋問も担当したラットの姿をバッタンバン市内で偶然見た。ラットはヘン・サムリン政権軍の軍人となっていた。一九八五年、「ベトナム軍とヘン・サムリン政権軍」はタイ国境一帯の森林を伐採し、そこに地雷を埋設する作戦を開始した。第一部「ポル・ポトに感謝する男」で言及した「K5作戦《コープラム》」である。タイ国境で抵抗するクメール・ルージュを、これによってカンボジアの内側に入れないようにしようとした。リム・サロームが見掛けたラットはK5作戦に従事していた。食糧を国境に運ぶ五〇台ほどのトラックのリーダーとして車上にいた。クメール・ルージュの収容所の幹部として多くの人命を奪った男が今度はクメール・ルージュを倒したヘン・サムリン政権の軍人になり、クメール・ルージュと戦っていた。

リム・サロームは乗っていた自転車を止めて彼を凝視した。一方、ラットも彼に気付いた。そして、ピストルを見せ付けるように掲げた。「俺は今でも偉いんだぞ」、リム・サロームには、そう見えた。

でも、私にはラットはリム・サロームが怖かったのだと思う。銃を掲げたのは護身のための威嚇ではなかったか。以後、再びラットに会うことはなかった。風の便りでは、今も元気でプノンペンで政府の仕事をしているらしい。

彼に対してどう思うか、居場所が分かっているなら会って何か言いたいとか、やり返したいとか考えないのか。

「何も言うことはありません。やり返そうとも思いません。共産主義政権では命令に従うしかありませんでした。下の人は何も分かっていません」。

それはそうかもしれない。しかし、どうしてそこまで理性的でいられるのだろうか。

二転三転

リム・サロームは許可を得て、墓穴掘りの合間に川で魚を獲って幹部にプレゼントした。そんな甲斐もあったのだろう、収容所所長のルアムがかつて彼のいたチュレイカオン・サハコー長のトランに手紙を書いた。

「リム・サロームはもう問題ありません。我々の下で再教育できました。彼も努力しました。釈放したいので迎えに来て下さい」。

手紙を読んだトランが自転車で収容所にやって来たのは、リム・サロームが川で網を投げていた時だった。これで救われたと思った。だが、トランはルアムに言った。

「再教育ならサハコーでもやっています。一度嫌疑がかかった者はいりません」。

そして、さらに、

「生かしておいても得はないです。死んだところで損はないです」

と言った。この不気味な台詞は時の地方幹部の決まり文句だった。[12] 引き取りを拒否されたリム・サロームは川の畔で拘束され、そして、その日の内に処刑と決まった。実に場当たり主義、無茶苦茶である。

だが、事実は小説よりも奇なりである。その日は処刑者が多かった。掘った穴がリム・サロームの処刑前にすべて使われてしまった。「穴が足りなくなった。すでに執行した遺体二つは埋められないので置いたままだ。こいつらは明日だ」。処刑場に連行する係が看守に話しているのが耳に入った。処刑予定だったリム・サロームら三人の執行は翌日に延期された。

その夜、リム・サロームは自殺を試みた。あんな目に遭うなら自ら命を断った方が良い。彼は咽喉を潰そうとした。二、三度やったが、ダメだった。足枷の隣のラーに頼んだ。リム・サロームの気持ちを察して引き受けてくれたラーが首を絞めようとした瞬間、彼は、両親に、兄弟姉妹に、懐かしい故郷の風景に、最後の別れをしていないことを思い出した。「ちょっと待って下さい」と一息置いて決別を済ませてから、またラーに頼んだ。だが、この時、ラーは泣いていた。「済みません。私に人殺しはできません」。

では、どう処刑されるのが良いだろう。咽喉をナイフで切られるのだけは嫌だった。あれは苦しそうだ。「後頭部を斧で叩いて下さい」と処刑執行官に頼もうと決めた。

胆嚢の取り出しも気になる。「胆嚢を取られるのは痛いだろうな」とリム・サロームが言うと、「頭をやられた後は、もう何も分からないよ」とラーが言った。「それもそうだ」と思い、彼の心は静まった。極限の思いやりであった。

翌朝を迎えた。この一帯を管理する地区長セムがたまたま収容所の視察に訪れた。収容所長のルアムが上司のセムに、「埋葬場所として指定された一画が一杯になったので、新たな場所を頂きたい」と上申していたらしい。セムは、これまでの埋葬地を眺め、そして言った。「すでに二箇所与えました。そこはこんなに広いのに、どうして足りなくなるのですか」と言い、さらに、「現在収容されている人たちに関するレポートを提出して下さい。特に三〇歳以下で罪が軽微な者は殺してはいけません。若者はまだ働けます」と言った。セムはこの収容所の処刑が尋常でないと考えたようだった。この指示を受け、ルアムは刑の執行を停止した。リム・サロームは二四歳だった。彼はこれで助かった。

だが、反面、収容所は混乱した。収容者が八〇人以上になり、所内は混雑し、一人当たりの食糧は減った。脱走を企てる者は跡を絶たない。当然、脱走者は追いかけないといけない。スタッフはあれやこれやで疲労困憊になった。このため彼らは意味なく収容者を殴り蹴った。特に衰弱している者をターゲットにした。一人でも少なくなれば良いと思っていたのは明らかだった。

しばらくして処刑が再開された。やがて収容者は約二〇人になった。スタッフの機嫌は戻った。

この間、リム・サロームは放置されていた。遺跡の石の床に寝ていた。何日経ったのだろう、分からない。意識が朦朧とし、身体が宙に浮いているように感じた。死は時間の問題だと思った。ある朝、ルアムがリム・サロームの近くに来た。ルアムは近くの村に親しくしている女性がおり、前夜遊びに行って上機嫌で戻って来たところのようだった。彼は気力を振り絞って訴えた。

「メットボーン（同志）、私はどのような罪でしょうか。私は辛いです。殺されないのなら釈放して下さい。殺されるのなら早く殺して下さい」。

「お前の名は」。

「リム・サロームです」。

名簿係が呼ばれた。未処刑者のリストに彼の名を探すが、見付からない。

「お前はどこのサハコーから来たのか」。

「チュレイカオン・サハコーです」。

やがてルアムと名簿係はどこかに行き、しばらくして戻って来た。

「お前は釈放の予定だったが、サハコー長が受け入れてくれなかったので行き場がなくなった」。

ルアムはようやく思い出した。収容所では処刑と決まった時、名簿のそれぞれの名前の上に赤ペンで線を引いた。リム・サロームが墓穴が足りず、処刑直前で延期になったことは既述の通りだが、その日の執行済として彼には赤線が引かれていた。つまり書類上、彼は死んでいた。そして、収容所内にいることを忘れられていた。

事情が分かったルアムは同情した。解放するには元のサハコーに戻すのが原則だが拒否されている。「お前はよく頑張った。可哀相だからクメール・ルージュ兵の食糧を作る菜園で働くのはどうか」と言ってくれた。「死ぬしかないと思っていましたから、生かせてもらえるのなら何でもします」とリム・サローム。「会議を開いて正式に決める。少し待て」と言って、ルアムは出て行った。だからといって待遇は変わらなかった。依然、足枷だった。ちょうどその頃、処刑が進んで食べ物が増えたので、彼の体調も少し戻った。

釈放

それから半月後、やっと釈放された。収容所を出たのは朝の八時だった。兵士二人が菜園のある村まで連れて行ってくれた。この時、彼の足は萎えていて満足に歩けなかった。這うようにして歩いた。途中、見付けた草や葉を食べた。二人はそれを見て笑った。

葉に付いている土埃はズボンで拭いた。いくら食べても咎められないのが嬉しかった。食べようとして唾が出た。食事時に唾が出ることなど忘れていた。「あのズボンは三ヶ月洗っていませんから、拭いても拭かなくても同じでした」と彼は私に言った。だが、極限まで追い詰められながら食べ物をきれいにしようとする行為、そして、そのズボンが長く洗濯されていないことを気にしていたことに、私は人間の尊厳を感じた。

同行の二人は自転車だった。一方、リム・サロームはよたよたである。自転車は速いから少し先で待つ。彼がようやくそこにたどり着くと、彼らはまたすぐ先に進む。これの繰り返しだったから、彼に休憩はなかった。しかし、生きている喜びは何物にも替え難い。村に着いたのは真夜中の〇時頃だった。一六時間、歩かされた。一九七七年一月のことだった。日付は分からない。捕まったのが一九七六年一〇月だったから三ヶ月が経っていた。

やがてチュレイカオン・サハコーでは、彼を引き取らなかったサハコー長のトランが異動になり、メッ・ターなる人物が新サハコー長になった。彼はリム・サロームの引き取りを承諾した。彼は菜園を出て、元のサハコーに戻った。トランは様々な「実績」が評価され、さらに良い地位を得たらしい。

「クメール・ルージュの時代は人を殺すことが大事にされていました。幹部は皆、競争していました。たくさんの敵を破壊した人はランクがどんどん上がりました」。

「敵を破壊する」とはクメール語の直訳である。この考えで次々に人が殺されて行った。そして、このトラン自身も、後日、殺された。地方幹部同士の争いだったと聞いた。

チュレイカオン・サハコーに戻った彼はトンレサップ湖の近くで薪を集める仕事をした。約八ヶ月、そこで働いた。チュレイカオン・サハコーでは家族のグループの中にいたが、やがて独身が働くコーンチャラットの方が良いと、ヴィアルトリア・コーンチャラットへ送られた。何とも皮肉なことになった。二年前、ここに行こうとして三途の川を渡り掛けた。それが今度は頼みもせずに、そうなった。

一九七八年一二月末、カンボジアはベトナムの攻勢を受けた。この頃、同じ共産主義でありながらカンボジアとベトナムの関係は悪化し、国境は戦闘状態に陥っていた。だが、そんなことはリム・サロームら庶民は知らない。ベトナム軍は年が明けた一月七日に首都プノンペンを陥落させ、クメール・ルージュはタイ国境に逃げた。

ヘン・サムリン政権になり、地方の公務を担う人材が募集された。当時のカンボジアの就学率は低かった。小学校さえきちんと終えていない人が非常に多かった。[13] そんな中、文字の読み書きができるリム・サロームは重宝された。

ヘン・サムリン政権の後ろ盾となったベトナムにとっても、カンボジア占領は大変なことだった。なにせクメール・ルージュは知識人を大量に殺している。だから凄まじい人材不足だった。従って、文字の読み書きができるというだけで貴重だった。リム・サロームは地方公務員に採用され、首都プノンペンで会計について研修を受けた。

研修はベトナム人が教えて、ベトナム語の分かるカンボジア人が通訳した。プノンペンで勉強を終えたリム・サロームはバッタンバンに戻り、今度はプノンペンで学んだことをバッタンバンの人々に教えた。これは彼だけでなく、首都から戻った者全員がそうだった。こうして不足する人材の育成がなされた。失われた「知」の復興は並大抵のことではなかった。ベトナムはカンボジアの人材を育成しつつカンボジアを占領しなければならなかった。

これは政府の人々とて同じであった。彼らは戦争に関してはプロフェッショナルだが、こと行政となると怪しい。だから政府には多くのベトナム人顧問が入った。(14) だからこそ傀儡政権なのだが、カンボジアの場合、それだけ人材が足りなかったということでもある。占領したベトナムも大変だった。真面目なリム・サロームはやがてバッタンバン市財務局事務所長に任命された。近年退職するまでこの仕事を続けた。

ベトナムのカンボジア侵攻という大混乱の最中、彼は一人の女性と「兄妹《きょうだい》」になった。カンボジアでは身寄りがない者同士、「兄弟姉妹」になり、助け合うことがある。特に男女の場合、夫婦でもないのに一緒にいるのは不自然だから、この関係になる。とはいえ嫌いな相手とはそうはならないから、その後、結婚につながることがよくある。

リム・サロームの「兄妹」もそうだった。ベトナム軍から逃げまどう中、その辺にいたアヒルを捕まえ料理を作り、祖先を祭って簡素な結婚式を挙げた。二人の他には妻の妹がいただけだった。

子どもは三人生まれた。女二人、男一人である。冒頭で述べた通り、次女ビリアがサクンの妻となった。きっかけはビリアの姉であった。彼女は映画の仕事をしていた。その撮影に「強い男」の役で連れて来られたのがサクンだった。彼は体格の良いスポーツマンである。かつてテコンドーでカンボジア屈指の選手だった。この映画が縁で二人は交際を始めた。

才色兼備のビリアは何人もの男性にプロポーズされた。実はリム・サロームはその中の一人の大卒の男性を気に入っていた。だが、修士のビリアは高卒のサクンを選んだ。「きちんと勉強して学歴を持った娘の判断を尊重しようと思いました」とリム・サロームは言った。今、婿のサクンは彼のお気に入りである。「頑張る男です。期待できます」と手放しで褒める。

「学歴を言うなら、私はお寺の中で小学校の勉強をしただけです。恥ずかしいです」。そう言う彼だが、卑下する必要はない。地方公務員の幹部職員として立派に勤めあげ退職した。混乱の中、簡素な結婚式で生まれた夫婦は苦労に苦労を重ね、子どもたちには盛大な結婚式を挙げさせた。

退職後は商売を始めた。しかし、「金儲けに走るつもりはありません。トマーダーが一番です」と彼は言う。「トマーダー」とはクメール語で「普通」の意味である。生きている、ただそのことが、どんなに大事なことか、彼は知っている。

絵画で伝承

アエクプノム収容所は、リム・サロームが釈放された翌月、一九七七年二月に閉鎖された。一九七七年は米不足が解消し、食糧の盗人がいなくなったから収容所が不要になったのだろうとリム・サロームは言う。彼が解放された時、一二人が収容されていた。その内、彼を含む八人が釈放された。この八人はロン・ノル政権と関わりがなかった。残る四人は最後の最後まで処刑すべきかどうか判断できなかった人々らしい。結局は殺されたと人づてに聞いた。この四人中二人はロン・ノル時代に働いていた繊維工場で軍事訓練を受けたことが問題視されていた。残りの二人については何も知らない。

「私はもし出家せず普通の学校に行ったり、労働者になったりしていたら、そこで必ず軍事訓練を受けていたでしょう。出家したから軍との関係を持たずに済んだのです。仏が私を守ってくれました」。

還俗した今も、彼は篤い信仰心を持っている。

彼はアエクプノム収容所がいつ設置されたか知らない。自身が収容されたのは一九七六年一〇月であり、クメール・ルージュ政権の成立は一九七五年四月だから、設置は、この間のことである。そして終わりは一九七七年二月だから、設置期間は最長でも一九七五年四月から一九七七年二月までの一年一〇ヶ月となる。一三日間で処刑を見たのが「百人まではいかない」と彼は言った。百人を一三日で割ると一日七、八人である。一年一〇ヶ月は六六〇日余だから単純計算すると約五千人となる。「あの収容所に何人が入れられて、何人が殺されたか、私は知りません。でも、ほとんどの人が殺されました。私のように殺されなかったのは稀です」。

カンボジア歴史絵画伝承館
〔シエムリアップ市ワット・トゥメイ境内〕

生き残った八人は今、どうしているのか。

「一人はアメリカに渡ったと聞きました。残りの七人は知りません」。

クメール・ルージュが設置したすべての収容所から生きて帰った人はどれくらいいるのだろうか。

「多分同じ様な人はいるでしょうが、カンボジア全土となると、私には想像も付きません」。

リム・サロームの名は国内で知られているのか。

「いいえ、全く」。

どうして私に話そうと思ったのか。

「私の国では常識で考えられないことが起こっていました。これをきちんと話をしておきたかったのです。カンボジア人でも良いですが、外国人の方が冷静かつ客観的に聞いて頂けるだろうと考えました」。

この思いをきちんと受け止めるにはどうしたら良いか。私は「特定非営利活動法人インドシナ難民の明日を考える会（ＣＩＣＲ）」という在日インドシナ難民と本国支援を行うＮＰＯ法人の理事長だが、その仲間に相談した。いくつか案が出た。一つは出版である。この場合、日本語よりは英語の方が良いだろう。世界中の人に読んでもらえる。しかし、世界に伝えるのも大事だが、カンボジア人自身が語り継ぐ方が優先であろう。そこで出たのが「絵画で伝承する施設」をつくることであった。これなら次世代のカンボジア人に視覚的に伝承できる。

では、これをどこにつくるか。収容所の跡地が当初有力候補であった。しかし、現在アエクプノム遺跡一帯は遺跡保存地区となっている。そこに新たな施設をつくるのには制約がある。こうして、結局、シエムリアップ市にあるワット・トゥメイの境内に建設することとなった。ここはキリングフィールド寺院とも呼ばれ、クメール・ルージュの虐殺と深い関係がある。同寺住職ラッチ・リアング師によれば、かつて病院だったが、クメール・ルージュの時代に収容所になり、ここで多くの人が殺された。そして、今日、慰霊のためにこの寺が建てられた。従って「絵画伝承館」建設には最適である。国際的大観光地である世界遺産アンコールワットに向かう主要道路の途中にあるから、世界中の人々の訪問も期待できる。こう考えた私たちＣＩＣＲの申し出をラッチ・リアング師は二つ返事で了承して下さった。それが「カンボジア歴史絵画伝承館（以下「伝承館」）」である。

さらに、日本の知人から有益なアドバイスを得た。伝承館はカンボジアのシエムリアップ市まで行かなければ見られない。だからフェイスブックで世界に発信したらどうかというのである。こうして「フェイスブック・カンボジア歴史絵画伝承館」が生まれた。フェイスブック伝承館は「本館」と「別館」がある。ワット・トゥメイ展示の絵画を掲載する「本館」は日本語ページと英語ページがある。「別館」には関連資料を載せている。(15)

でも、どうして

リム・サロームへの五回に亘るインタビューで、彼の体験の全貌はほぼ理解できた。しかし、どうしても、すっきりしないものが一つ残った。それは、これだけの目に遭いながら、彼に復讐心がないことである。以前一度聞いたことを五回目にまた聞いた。

「私の受け入れを拒否し、私の処刑を望んだトランも、その後、仲間に殺されました。カンボジア人同士が全く信用できず、命を奪い合うという常識で考えられない時代でした。だから、『あいつが悪い、こいつが悪い』と言っても仕方ないです」。

「それよりも、こんなことがあったのだということだけは未来のカンボジア人には知っていて欲しいです。それで十分です」。

彼が解放されたのが一九七七年一月、私が初めてインタビューしたのが二〇〇九年一二月。三二年が経っている。長い年月が寛容の心を育んだというには、彼の体験は凄惨に過ぎる。ひょっとしたらリム・サロームは、そのように自らに言い聞かせているのかもしれない。あるいは、第三者に追体験が不可能な想像を絶する体験の果ては、ひたすら心の平安を求めるものなのかもしれない。

今、リム・サロームはすべての怨念を乗り越えて、元出家者としてクメール・ルージュ時代のすべての死者を追悼しながら、トマーダーに感謝して生きている。

第三部

ポル・ポトを潰した男

——イー・チエン

イー・チエンを知っていますか

イー・チエンは今、どんな思いでいるのだろう。現在はフン・セン首相の下、上級大臣（senior minister）というポストにいるが、実態は名誉職だと聞く。この人はかつてポル・ポトの側近であった。彼がカンボジア史に残した足跡は非常に大きなものがある。

二〇一二年一〇月一一日、イー・チエンが現職のパイリン市長だった時、私は市長室で約二時間半、インタビューした。さらに、その後、私邸に招かれ昼食のもてなしを受けながら、約一時間半、話を聞いた。

イー・チエン

「今から、これまで公表していないことを含めて、私の人生の詳細を話します」。

イー・チエンは、冒頭、市長室で私にこう言った。テーブルの上には自筆の記録が八冊置かれていた。時折、それで確認しながら、落ちついた口調で私に語り掛けた。彼の口からはクメール・ルージュ分裂の秘話が次々に飛び出した。さらに、その二年後、二〇一四年八月一四日、再度インタビューの承諾を得て、パイリンの私邸を訪ねた。先のインタビューで生じた疑問を解消するためであった。そこでもまた昼食のもてなしを受けた。

イー・チエンは元クメール・ルージュ軍の師団長である。日本で彼の名を知る人は少ないだろう。次の一九九七年の共同通信の記事[1]は、彼を伝えるわずかな中の一つである。

ウイークエンド・ジャーナル　海外主役脇役

カンボジアのパイリン市長に就任した元ポル・ポト派司令官　イ・チエン氏

カンボジアの反政府ゲリラ組織、ポル・ポト派の第四一五師団司令官として、北西部のパイリンを本拠に一万二千人の大部隊を率いていた。昨年八月に同派を離脱、一万八千人もの兵士が政府軍に加わる先陣役となった功績が評価され、今年一月、政府からパイリン市長に任命された。

「イ・チエンを処刑せよ」とポト派のラジオ放送が連呼した昨年八月、政府は同氏の離脱を公表した。間もなく、離脱を指導したのはポト派の大幹部イエン・サリ元副首相だったことが判明、翌月のシアヌーク国王による元副首相の恩赦布告へと事態は急展開した。

一九七〇年からジャングルでのゲリラ闘争に参加。ポル・ポト政権時代の七五年から三年間、当時同派を支援していた中国などとの連絡係に従事し、政権が崩壊した七九年に司令官となった。

カンボジアでは来年の総選挙を前に、連立与党の民族統一戦線と人民党が対立。劣勢の民族統一戦線側は、元ポト派兵士らの信望が厚いこの人に熱い視線を寄せている。

「私には政治家は向かない」と、当初は両党の対立に巻き込まれないよう慎重だったが、戦線側は三月二十一日の党大会で、この「人気者」をなんとか引き入れるため党宣伝などに従事する評議会メンバーに任命した。

ルビーなど宝石の産地としての利点を活用、パイリンをどう立て直すか手腕を問われている。夫人と二男四女。四十四歳。（傍点筆者）

実はここに示された理解がイー・チエンには不満である。問題は傍点部である。タイ国境のジャングルで長く政府に抵抗を続けて来たクメール・ルージュは、一九九六年、大分裂を起こした。そして、以後、一気に衰退し、数年後に消滅した。この分裂はカンボジアの平和への大きな転換点となった。では、その推進役は誰だったのか。この記事はイー・チエンを「政府軍に加わる先陣役」だったと紹介する。そして、その後、「離脱を指導したのはポト派の大幹部イエン・サリ元副首相だったことが判明」したと続く。つまりは、「イエン・サリの指導下でイー・チエンが先陣を務めた」と読める。これがイー・チエンには承服し難い。先に結論を言ってしまうと、

「分裂の指導者は私、イー・チエンである。イエン・サリではない」。

彼はこう声を大にして叫びたいのである。

イエン・サリを指導者とするのは共同通信に限ったことでない。藤下超他『なぜ同胞を殺したのか

ポル・ポト――堕ちたユートピアの夢』は日本の出版物でイー・チエンの名が出て来る数少ないものの一つだが、次のように言っている。

「一九九六年八月八日…（中略）…の午前…（中略）…フン・センが演説し、パイリンとプノンマライというポト派の二つの重要拠点の司令官（イ・チェン第四一五師団長とソク・ピアップ第四五〇師団長）がポト派兵士三千人と共に投降したことを明らかにした。フン・センは『二か月前から秘密裏に進めていた』ポト派分断工作の結果だったと胸を張った。…（中略）…ポト派が大きく二つに分裂し、イエン・サリ率いる西部支配地域のポト派がカンボジア政府に投降したのだ。国民の反発を考慮してか、フン・センは当初、最高幹部イエン・サリがこの投降グループを率いていることを明らかにしなかった」[2]。（括弧内原文）

この文も先陣イー・チエン、指導者イエン・サリと理解できよう。

なお、第一部でも言ったが、ここにある「プノンマライ」と、第一部にある「マライ」は同じ場所である。

舟越美夏『人はなぜ人を殺したのか　ポル・ポト派、語る』は、次のように記す。

「イエン・サリは、非合法化されたポル・ポト派がジャングルに拠点を置き、カンボジア政府軍と戦闘を続けていた一九九六年八月、数千人の部下を引き連れ投降した。この投降の理由についてさまざまな憶測が流れたが、しぶとくゲリラ戦を続け政府軍をてこずらせながらも、内部から崩壊しつつあったポル・ポト派に決定的な打撃となったことは間違いなかった[3]」。

つまり、クメール・ルージュ分裂はイエン・サリの功績である。ここにイー・チエンは登場しない。

ポル・ポト研究の大著、フィリップ・ショート『ポル・ポト――ある悪夢の歴史』は叙述が詳細である。

「(ポル・ポトはじめクメール・ルージュ幹部の方針に不満を持った)イ・チェアンとソク・フェプは…(中略)…(政府関係者と一度極秘の会談をした後に再度)別の秘密集会に出席したが、このときはイエン・サリも一緒だった。パリ協定以来、すっかり立場を失っていたかれはこの計画に賛成した。

事態が山場を迎えたのは一九九六年の七月だった。ソン・センが、イ・チェアンが指令に従わないとポル・ポトに報告したのである。そして(タ・)モクが調査に派遣された。だが(タ・)モクは調停者ではなかった。…(中略)…大多数が反逆した。一九九六年の八月十五日にイエン・サリ、イ・チェアン、ソク・フェプがクメール・ルージュと袂を分かち、政府に協力する新たな政治活動を立ち上げたとの発表があった。…(中略)…イエン・サリは王から『何万人もの命に相当する善行』により特赦を受け、その後は非公式な総督としてパイリンとプノンペンで過ごすようになった。…(中略)…イエン・サリの離脱はクメール・ルージュに回復不能の打撃を与えた[4]」。(傍点及び括弧内筆者)

まず「イ・チェアン」は本書で言う「イー・チエン」である。単に片仮名表記の問題である。次に「ソク・フェプ」と書かれているのは、この後、本書で言及する「ソック・ピアップ」である。(5) なお、「ソン・セン」及び「タ・モク」はクメール・ルージュの大幹部であった。(6)

右のフィリップ・ショートの引用に当たっては趣旨を簡潔に示すため省略した箇所がある。また括弧内は私の補足である。従って、原文をご確認頂きたいが、文の要旨ないし構造は以下の通りである。

イー・チエンが幹部の指令に反逆したのでタ・モクが派遣されたが、調停に失敗した。そして結局は大多数が反逆したと、まずこのように述べられる。そして、その後にイエン・サリの名前が登場、彼の離脱が決定打であったと、文はまとめられる。

さすがにフィリップ・ショートはイエン・サリのこの時点の立場は承知している。引用の三、四行目にあるように、イー・チエンとソック・ピアップが「立場を失っていた」イエン・サリを引っ張り出したようだと読み取れる。だが、引っ張り出されたらしいイエン・サリとイー・チエンらとの関係がもう一つはっきりしない。イエン・サリが「単なるお飾り」だったのか、統合推進の「真のリーダー」となったのか、どうも明確でない。

生まれ

イー・チエンは一九五一年四月一三日、プレアビヒア州ダー村で、父イー・スン、母タオン・ヒンの七男として生まれた、と私に言った。「と私に言った」というのは、先の一九九七年四月五日付の共同通信の記事には四四歳とある。一九五一年四月一三日生まれなら、この記事の時点では四六歳の誕生日を八日後に控えた四五歳になる。それにカンボジアでは年齢は「満」でなく「数え」で言う。だから、カンボジア的には、この時すでに四六歳である。革命に携わる者は名前や年齢などをよく隠す。この年齢の差異には何か事情があるのかもしれない。

実家は田舎の貧しい農家だった。兄弟姉妹は一〇人である。兄弟姉妹の数を聞いた時、最初九人だと言い、説明している内に一人増えて一〇人になったのには彼自身、苦笑した。男一人が戦死した以外、皆、生き残っている。

両親はもう亡くなった。父はポル・ポト時代に死んだ。七〇歳を越えていたにもかかわらず強制労働に駆り出され、過労が原因で死んだ。クメール・ルージュの師団長だったイー・チエンの父がクメール・ルージュの過酷な労働で亡くなったと言う。第一部のポル・ポト配下のコン・デュオンも父をクメール・ルージュに殺されている。(7)「はじめに」で紹介したクメール・ルージュ政権情報省の男性もしかりである。クメール・ルージュの関係者がクメール・ルージュに家族を殺されている。往時のカンボジアは正にぐちゃぐちゃであった。母はイー・チエンがタイ国境で戦っていた三派連合政府の時代に亡くなった。ただし、これらのことは後から知った。一九七〇年にクメール・ルージュの兵士となって以来、彼は家族と会っていない。

彼は学校に行っていない。一九七〇年より前、村に学校はなかった。一番近い小学校は三四キロ離れていた。もう一つの学校は六二キロ先だった。文字の読み書きや算数はクメール・ルージュに入ってから勉強した。

第四一五師団

一九七〇年四月、親米ロン・ノルのクーデターで内戦が始まった。シアヌークは国民に「反アメリカ」、「反ロン・ノル」の闘争を呼び掛けた。イー・チエンがクメール・ルージュに入ったのも、その声に応えたからであった。やがて一九七五年四月一七日、ロン・ノル政権は倒れ、クメール・ルージュ政権が成立した。

その二年後の一九七七年、彼は「このままではまた戦争が起きるだろう」と思っていた。というのは、この年、イー・チエンは軍を離れ、外務省に異動となった。勤務地はシエムリアップ。中国はじめ諸外国との交渉役を務め、アンコールワットを案内するなどしていた。そんな立場だから耳に痛い情報がしばしば入って来た。国内は大混乱を来しているらしい。

一九七九年一月七日、ベトナムがクメール・ルージュ政権を倒し、ベトナムに後押しされたヘン・サムリン政権がプノンペンに誕生した。ベトナムのカンボジア侵攻という事態を前に、イー・チエンは外務省から軍に戻った。これは上層部からの指示ではなく、ベトナムと戦うための自発的判断だった。政権が崩壊しており、組織は全く無秩序になっていた。

「これからどうなるのかは全然分かりません。私は自国に入って来たベトナムに抵抗することだけを考えていました」。

彼は直ちにカンボジア北部のウドーミエンチェイ州（当時はシエムリアップ州）とバンティアミエンチェイ州（当時はバッタンバン州）の地方都市に赴き、軍を再編した。ベトナム軍に追われた兵士がこの辺りに大量に逃げ込んでいたからである。特にバンティアミエンチェイ州で作った軍は後にイー・チエンを支える第五一九師団となった。この時は軍としての形が付いたのを見届け、後をヨンなる人物に任せ、さらに軍の再編のためパイリンに向かった。

パイリンはタイ・カンボジアの国境に近い要衝である。ここも逃げて来た兵士で溢れ返っていた。パイリンに入って一週間後の一九七九年六月一三日、彼は郊外の山中で一つの師団を結成した。かつてのクメール・ルージュ第〇一師団、第〇二師団、第〇六師団、第一一七師団、第一六四師団、第五〇二師団を再編したものだった。これこそが、後にベトナム軍に激しく抵抗したクメール・ルージュ第四一五師団であり、イー・チエンがカンボジア王国政府と統合する際の主力となった師団である。

和平交渉を主張

一九九一年、パリでカンボジア和平の国際会議が開かれ、翌九二年、UNTACがカンボジアに展開した。イー・チエンはフランスのロリドンと和平の協議をしたが、結局まとまらなかった。

「当時のカンボジアの運命はまだ悪かったです」

と彼は言った。「運命が悪い」とは、本書第一部でクメール・ルージュの立場の変遷をまとめたところで触れた通り、UNTAC展開時、それまで長くクメール・ルージュを支援して来た中国、そしてクメール・ルージュ支援を通して利権でつながったタイという二つの国のバックアップが続いていたのであった。つまりUNTAC時にはクメール・ルージュにはまだ財源があった。だからUNTACに合意はしたが、実際には非協力を貫いた。

そのUNTACは、一九九三年に総選挙を実施し、カンボジア王国政府を誕生させた後、撤退した。しかし、タイ国境にはクメール・ルージュが反政府勢力として残った。UNTAC撤退の翌一九九四年、クメール・ルージュは新政府によって非合法化された。この頃、イー・チエンはクメール・ルージュの離脱を考え出した。

それは一九九四年四月二三日のことだった。ポル・ポトが国境のプノンプラックに幹部を召集した。参加者はポル・ポト、ソン・セン、タ・モクなどの長老と師団長の計一〇人。この席でポル・

ポル・ポト
〔ツールスレン博物館内の掲示写真〕

ポト自らが「カンボジアの戦争を終わらせるためにどんな意見がありますか」と聞いた。プット、ニコン、ソン・ピルムという三人の師団長は戦争の継続を主張した。そして、四番目にイー・チエンが発言した。

「私は平和的解決を望みます。このまま戦争を続ければ、国民の被害は益々大きくなります。ぜひ政府と和平交渉に臨んで下さい。それにはどういう条件が必要か、あるいは、どのレベルで交渉を始めれば良いか、それらを検討して下さい」。

これは軽々に言える内容ではなかった。決死の覚悟の発言だった。

＊　＊　＊

彼は自説は正しい、絶対実現できると信じていた。なぜなら、この頃、もはやカンボジアの背後で戦争を煽る外国がいなくなっていたからである。

三派連合政府とは、既述の通り、「アメリカと中国」が「ヘン・サムリン政権とベトナム、さらにはソ連」に対抗するために作らせたものである。従って、ソ連の崩壊によって三派連合政府は、その存在意義を失った。すなわち、ソ連という後ろ盾を失ったベトナムはカンボジア占領（ヘン・サムリン政権の維持）を続けられなくなり、カンボジアから軍の撤退を始めた。こうして三派連合政府は無用の存在となった。

冷戦に勝利したアメリカはじめ西側諸国は、カンボジアをこれまでの「東側陣営に対する最前線の戦場」から「平和な市場」に転換すべく国土の再建を図った。これがＵＮＴＡＣであり、このＵＮＴＡＣによってカンボジアには新政府が生まれた。

この流れの中で、タイ国境で抵抗するクメール・ルージュへの支援は先細りになった。三派のうちの二派（シアヌーク派とソン・サン派）は総選挙に参加し、新生カンボジア王国に合流していた。

フィリップ・ショートはタイが支援を止めたのをクメール・ルージュが非合法化された頃に求めている。[8] また、中国に関しては、一九九六年七月一八日、フン・セン第二首相が訪中した。その目的は、ベトナムに支えられて来たヘン・サムリン政権（フン・センはその中心人物）が一つの核となった新生カンボジア王国政府と、そのヘン・サムリン政権を倒すべくクメール・ルージュを支援して来た中国との間に、「歴史的な友好関係を確立する」[9] ためであった。第二首相は「（中国からカンボジアに）帰国後、『（ポル・）ポト派を支持しないと中国が確約した』[10]」と語った。

こうしてクメール・ルージュは「財政的にも追い込まれ、各部隊が独自に収入を確保しながら反政府活動を続けている状態」[11]となった。これではクメール・ルージュに未来はない。一九九四年末には、「全土で千人近い投降者が出ている」[12]と報じられている。だから、イー・チエンの判断は至って常識的なものだった。

イー・チエンは私に言った。

「何のために外国の支援を受けて戦っていたかというと、侵略者ベトナムをカンボジアから追い出すためです。その目的も、この時にはすでになくなっていました。新政府との戦争にはもはや何の意味もありませんでした」。

「同じ言語を使い、同じ血が流れるカンボジア人同士がこれ以上戦うのは悲しいことです。そこに勝ち負けはありません。同じ血は話し合えば必ず合意できると思っていました」。

＊　＊　＊

政府との和平交渉を訴えるイー・チエンの発言を遮り、タ・モクとソン・センが猛反発した。

「イー・チエンは裏切者だ」と激しく罵った。

それをポル・ポトが制止した。いつもの通り、穏やかな口調だった。

「他の人の意見を攻撃してはいけません。イー・チエンは話を続けて下さい」。

イー・チエンは言った。

「カンボジア人同士が戦い続けては祖国を平和にできません」。

これに対してソン・センが言った。

「若造のくせに生意気だ。我々大先輩に向かってそんなことを言うな」。

議論にならなかった。

「道」を作る

「このままではダメだ。道を変えないといけない」と思うものの、実はイー・チエンは怖かった。長老連中に殺されるかもしれない。しかし、「無意味な戦争を続けて死ぬのと、平和を模索して死ぬのと、どちらが良いか」。当然、後者だと思った。実はプノンプラックでの会議の二〇日ほど前、イー・チエンはすでにアクションを起こしていた。四月一日、クメール・ルージュの長老の一人イエン・サリをタイに訪ねた。この人物はかつてのクメール・ルージュ政権時代の副首相にして、ポル・ポトの義弟である。ポル・ポトの最初の妻キュー・ポナリーの妹キュー・チリトが妻だった。

イー・チエンによれば、この時、イエン・サリは失脚し、全く力を失っていた。一九八四年、ポル・ポト、タ・モク、ソン・センらと対立し、以来タイでひっそり暮らしていた。[13] しかし、イー・チエンは考えた。政府との統合を進めるため人々を糾合するには、ソン・センの言う通り、「若造」の名ではダメだ。ポル・ポトに対抗できる名はイエン・サリである。彼はイエン・サリを「御神輿」にしようとした。さながら関が原合戦で、一九万石の石田三成が二五〇万石の徳川家康に対抗するために、一二〇万石の毛利輝元を西軍の総大将に担いだようなものである。

イエン・サリ（左、政権時代。右、晩年）
〔シエムリアップ市ワット・トゥメイ境内の掲示写真〕

イー・チエンはイエン・サリに聞いた。

「今のカンボジア情勢をどう考えますか」。

無言だった。返事をしてくれなかった。重ねて尋ねた。

「カンボジアの戦争を終わらせるにはどんな道があるとお考えになりますか」。

イエン・サリがようやく口を開いた。

「君は若い。何も分かっていない。君ではポル・ポト、タ・モク、ソン・センに勝てない」。

イエン・サリが言ったのは、これだけだった。ここでも若造扱いをされた。「水の一杯も出してくれなかった」と、イー・チエンはインタビュー中、二度言った。よほど悔しかったのだろう。

しかし、彼の決意は揺るがない。かつて彼が作った第五一九師団を訪ねた。四月一四日のことだった。この時はロン・タエムなる人物が師団長で、国道五号線の町、シソポンとポイペトの北方を担当していた。イー・チエンは行き詰った現状を説いた。ロン・タエムはイー・チエンに共鳴した。初めて味方ができた。

次にカンボジア南部のカンポット州のヌーン・パエット[14]と電信で連絡を取った。イー・チエンによれば、ヌーン・パエットは、ちょうどその頃、日本人記者を拘束し[15]、タ・モクやソン・センなどと緊張関係にあった。記者はすぐに解放したが、無用の国際的トラブルを招いたということで幹部のもとに出頭を命じられていたと言う。イー・チエンは彼に言った。

「行ってはいけません。行けば殺されます」。

「諸情勢を私が分析して、あなたに連絡します。私の指示を待って下さい」。

ヌーン・パエットは承知した。二人目の味方を得た。

ソック・ピアップ

マライの第四五〇師団長ソック・ピアップも現状に不満を抱いていた。それを察知した長老らは彼を師団長から更迭しようとした。そこでソック・ピアップは政府のネアック・ブンチャイに接近した。ネアック・ブンチャイはラナリット第一首相率いるフンシンペックの幹部である。彼は第一首相を通して政府に投降しようとした。

この動きを掴んだイー・チエンは直ちに動いた。ソック・ピアップは、この時こそ師団長だが、かつては彼の部下だった。一九九五年一月三日、イー・チエンはタイの町、ソイダオにあるクメール・ルージュのゲストハウスに元部下を呼び付け、元上官として高飛車な態度に出た。

「ピアップに聞きたい。君は敵と統合しようとしました。正直に言いなさい。言わないと拘束します」。

ソック・ピアップは包み隠さず言った。

「私はソン・センにマークされています。このままでは殺されると思いましたので政府に投降しようとしました」。

「君は何人で逃げるつもりですか」。

「七人です」。

家族四人、ホームドクター一人、ボディーガード二人の計七人である。

「それはダメです。師団長が自分の家族だけが助かれば良いと考えるのは間違いです。マライのすべての人々と一緒に統合して下さい。マライに留まって、私の指示を待って下さい。クメール・ルージュ支配地域にいるすべての人々が戦争で死なずに済むことを考えて下さい」。

以後、ソック・ピアップはイー・チエンの一番の盟友となった。

彼はその後も働き掛けを続けた。八月二二日にはカンボジア西部に広がるバッタンバン州のサムロート一帯に展開する第五〇二師団のサーメット。九月二九日にはタイと国境を接する海に近いコッコン州の第〇一師団のサーメット。この二人のサーメットは同名の別人である。さらに翌一九九六年六月六日にはソン・センに近い第二〇五師団のスレイ・サブーン。

「すべて私一人で説得しました」。

叛旗

となると、こうした動きが幹部にばれない訳がない。一九九六年三月、ポル・ポトはイー・チエンに出頭を命じた。彼は無視した。顔を見せれば絶対殺される。同時に、彼は彼に従う諸幹部にも出頭命令があれば拒否するよう指示した。クメール・ルージュ支配地域はタイ国境に接する北東部から南西部にかけて展開しているが、これ以後、「古参幹部が率いる北部地域」と「イー・チエンら若手が率いる南部地域」に分裂した。これが公然化するのは八月だが、三月の時点ですでに割れていた。

イー・チエンが出頭しなかったので、ポル・ポトの意を受けたタ・モクが出張って来た。四月のことだった。まずマライに赴き、ソック・ピアップに同行を命じ、イー・チエンのいるパイリンに乗り込んだ。

サウ・サラットはイー・チエンの腹心である。私は二〇一四年のイー・チエン二回目のインタビューの数日後、彼にも話を聞いた。現在パイリン市の幹部である。

「タ・モクは兵士を相手に説得を始めました。彼は強圧的でした」。

サウ・サラットによると、タ・モクに続いて、ソン・センやヌオン・チアも来た。つまり、ポル・ポトに次ぐクメール・ルージュの長老諸氏が総出で説得にあたったようだ。それに対して兵士は誰一人として公然と反発はしなかった。だが、面従腹背だった。

プノム・ヤットから望むパイリン市街

しばらくしてイー・チエンら五〇人はパイリン市内にある小さな山、プノム・ヤット（ヤット山）に集結した。その昔、パイリンの自然保護に功績のあったジェイ・ヤット（ヤット婆さん）を祭る祠があり、彼女に頼むと願い事が叶うとされる。今も地元の人々から篤く崇拝されている。ここで皆が本音で議論した。

「プノンペンの政府は本当に我々を受け入れてくれるのか」。

「我々は殺されるのではないか」。

投降した瞬間、一挙に皆殺しにされるのでは堪らないとの思いがある。

「生命、財産、そして現在の軍の階級は、私が必ず保証します」。イー・チエンは敢然と言った。といって彼に必ずしも自信があった訳ではない。だが、それが政府と統合しようとするリーダーの使命だと考えた。(16)

政府と交渉

説得はもはや不可能だと判断したポル・ポトはイー・チエンとソック・ピアップの二人を「裏切者」だと公表した。一九九六年五月末のことである。名指しされたイー・チエンはすぐに動いた。すなわち、プノンペンの政府にいる彼の腹心プロム・パットに連絡を取った。「いざという時のための交渉役」として政府に潜り込ませていた人物であった。

「ティア・バンニュ国防大臣に連絡を取って下さい」。イー・チエンはプロム・パットに指示した。プロム・パットから面会を求められた国防大臣は驚いた。「あなたはいつからイー・チエンを知っているのか。なぜイー・チエンの連絡役をするのか」。厳しい口調で問い質した。彼はイー・チエンから言われた通りに答えた。

「私は長くタイに住んでいましたが、帰国して政府に入りました。タイ人に知り合いが一杯います。

イー・チエン氏が政府と統合したいと考えていることをティア・バンニュ閣下にお知らせした方が良いという話がタイの知人から私に届きました。つきましては、イー・チエン氏と電話でお話して頂けないでしょうか」。

クメール・ルージュとタイが親密であることは既述の通りである。イー・チエンは最初はプロム・パットに、イー・チエンの直接の指示としてではなく、タイのルートで入った情報を仲介したという形を取らせた。ティア・バンニュは承諾し、イー・チエンに電話した。一九九六年五月二九日のことだった。

先にイー・チエンが裏切りを公表されたのは五月末だと記した。実はイー・チエンはポル・ポトに名指しされ、すぐにプロム・パットに指示をした。そしてティア・バンニュの反応は早かった。彼の電話が二九日であったことはイー・チエンは記録している。だが、「指示した日」をメモしていなかった。だから指示日、すなわち裏切者と名指しされた日、つまりイー・チエンにとってはもはや後に引けなくなった節目の日が電話当日の二九日だったか、前日の二八日だったか分からなくなっていた。「どちらだったでしょうか」と、卓上の記録を見ながら残念そうだった。

* * *

プロム・パットはいつから政府にいたのかと聞いてみれば、サウ・サラットは「一九九六年五月の頭」だと言った。ということは、三月のポル・ポトによる説得工作が始まってからである。そんな政府に入って間もない人物が、なぜそう簡単にティア・バンニュ国防大臣に話を持ちかけられたのか。

それにはさらなる布石があった。何と一九八〇年代の内に、すでにイー・チエンの腹心がヘン・サムリン政権に入り信任を得ていた。その人物の紹介があったからプロム・パットも疑われることなく政府に入ることができたとサウ・サラットは言う。プロム・パットが送り込まれたのはイー・チエンの離脱の動きに合わせてのことだったが、実はそんなことが話題になる以前に政府との接点が作られていたということである。私は感嘆した。これが政治というものであろう。

＊　＊　＊

電話で話したティア・バンニュの声をイー・チエンは忘れない。「初めて聞いた政府要人の生の声」だった。

「ティア・バンニュ閣下とお目にかかって直接お話したいです」。

「では、プノンペンでお会いしましょう」。

いくらなんでも、いきなり相手の本拠地に乗り込むのは怖い。

「戦場の最前線はいかがでしょうか」。

双方が戦っている前線で会うなら五分五分である。だが、それは向こうが拒否した。結局、第三国のタイで会うことになった。六月一日、タイを代表するリゾート地、パタヤのホテルで会談と決まった。

ところが、こともあろうにイー・チエンはパタヤに行けなかった。彼に対するポル・ポトの攻撃が始まったのだった。北部方面からソン・センの弟、ニコンが率いる第七〇五師団、第三二〇師団、第二五〇師団が、そして南部方面からイン・パン[17]なる人物が率いる第三六師団がパイリンを挟撃しようとした。もしイー・チエン不在で敗北すれば統合計画は水泡に帰す。彼はパタヤに腹心のチョム・ニアップら七人を派遣し、自身はポル・ポトの鎮圧軍を相手に陣頭指揮を取った。

パタヤでは双方肩を抱き合って会談の成立を喜んだが、イー・チエン不在では何の成果もなかった。一方、戦場ではイー・チエンは巧みだった。まずは北方の部隊に特殊部隊を潜り込ませ、主要指揮官二人を拘束した。そして動きの取れなくなった兵士に向かって大きなスピーカーで説得を始めた。「イー・チエン氏はカンボジアを平和にしようとしています。どうか皆さん、戦争をやめましょう。一緒にカンボジアの平和を作りましょう」。これを繰り返した。すると、次々に兵士の投降が始まった。ついで、南方のイン・パンについても彼を巧みに拘束し、イー・チエンが直接説得した。こうして南北の部隊はパイリンから撤退した。

瞬時の決断

かくしてイー・チエンはやっとティア・バンニュに会えることになった。二度目の会談は六月一五日、タイのラヨーンのホテルで行われた。この席に、彼は先述のサウ・サラットを同行した。相手はティア・バンニュ国防大臣と秘書のノップ・サワットだった。

*　*　*

カンボジア史を転換させた会談がなされたホテルはどこか、非常に気になる。だが、イー・チエンは覚えていない。サウ・サラットにも聞いたが、彼も記憶がない。「交渉後、屋上で食事をした記憶はあるのですが、ホテル名は忘れました」。

ようやくたどり着いた歴史的会談の舞台がこんな程度かと思っていたら、サウ・サラットがさらっと言った。

「タイ軍が準備したので記憶が薄いです」。

つまり連れて行かれただけだから記憶に残らなかったと言う。この一言は重大である。私は聞いた。

「ということは、タイもイー・チエン閣下がフン・セン第二首相と手を握ることに賛成していたということですね」。

ティア・バンニュの所属政党はカンボジア人民党。フン・センの系統である。

彼は答えた。

「私たちは統合についてタイに意見は求めていません」

と言った上で、

「しかし、タイは両者が仲良くなって欲しいと思っていたはずです」。

「では、もしタイがダメだと判断したら、この会談はなかったと考えて良いですか」。

「恐らくそうでしょう。なぜかと言うと、タイは当然、この時のイー・チエンの立場をよく分かっています。またティア・バンニュ国防大臣の考えも承知しています。ですからイー・チエンやティア・バンニュ閣下がタイに対して、これは何のための会談なのかと、きちんと話さなくてもタイは簡単に推測できます。クメール・ルージュの行動、さらにはカンボジア全体の行動をタイは全部分かっています」。

つまり、タイがこの会談をセットしたということは、タイがポル・ポトを見捨てたということである。そして、イー・チエンらの支配地域、すなわち、クメール・ルージュ支配の南部地域にタイ軍が持っているルビーや木材に関わる利権が統合後においてもタイに保証される見通しが付いていたということでもあろう。となると、この点についてタイとフン・セン第二首相サイドの話し合いもすでに水面下で済んでいたということであろうか。さらに言えば、この会談はクメール・ルージュ崩壊への始動なのだから、このことをアメリカの了解なしで進めるということはあり得ないだろう。当然、タイは事前に相談していたことだろう。

一方、中国に対してはどうだったのだろう。かつて中国からクメール・ルージュ支援を依頼されたタイである。カンボジアを占領しているベトナムへの対抗上、どうしてもタイの協力が必要だった中国はタイ共産党への援助を減らす約束までしてタイの同意を得た。[18] 従って、中国との事前協議も想定される。

私はかつてこう書いた。「パイリンの投降には関係諸国の思惑が幾重にも交錯していることは間違いない」[19] と。つまり「タイがホテルを準備した」との一言は、タイが関係諸国の了解を得た上でやったことだと明言したのに等しいと思う。ところで、我が日本政府には事前に伝えられていたのであろうか。クメール・ルージュ崩壊と日本政府は如何ほどの関係があったのだろう。

＊　＊　＊

会談は一五時に始まった。イー・チエンは国境のクメール・ルージュ支配地域の現状と民族和解の実現への思いについて語った。ティア・バンニュは賛意を示した。だが、イー・チエンの要求には応じなかった。すなわち、統合後における、

一　生命の保障
二　財産の保障
三　階級の保障

であった。これらはプノム・ヤットの約束である。一と二については説明無用だろう。三について、イー・チエンは私にこう言った。

「一人や二人の人間が逃げ出して一緒になるという話を進めているのではありません。師団単位で行動するものです。だから、組織として我々を迎えて頂きたいということです」。

要するに、決して敗北者の投降ではない。軍事組織としての統合なのである。だが、ティア・バンニュはどうしても首を縦に振らない。

「私はティア・バンニュ閣下と沢山のことを話しました。でも、閣下は私の要求を呑んでくれませんでした」。

虚しく時が過ぎた。開始から六時間経った。二一時になった。双方の言葉は途切れた。二一時一五分になった。二一時一五分という時刻を彼ははっきり覚えている。この時、イー・チエンは言った。

「ティア・バンニュ閣下、フン・セン第二首相に電話して頂けませんか」。

ティア・バンニュはちょっと考え、そして、応じた。

〔ティア・バンニュ〕「イー・チエン氏と話をしています」。

〔フン・セン〕「どんな成果が得られましたか」。
〔テ〕「難問に直面しています。それについて、イー・チエン氏が首相と直接話をすることを望んでいます。いかがでしょうか」。
フン・センは了解した。
〔フ〕「あなたは何人の兵力で政府と統合するつもりですか」。
〔イー・チエン〕「四個師団です」。

＊　＊　＊

四個師団とはパイリンの第四一五師団と第四一六師団、ソック・ピアップの第四五〇師団、ロン・タエムの第五一九師団である。その総兵力は「四千人では少ない。五千人くらいだろう」と言う[20]。以下、イー・チエンの説明による。第四一六師団は、一九八八年六月四日、イー・チエンがパイリンに作ったもう一つの師団である。彼は新聞でも書籍でも「第四一五師団長」と紹介されているが、パイリンに二つの師団ができた後は、第四一五師団はブーン師団長、そして第四一六師団はニャップ師団長であり、イー・チエンはその両方の管理者であった。クメール・ルージュは、例えば「パイリン戦場」、「トンレサップ戦場」、「国道五号線北側戦場」、「国道五号線南側戦場」などのように地域を区分し、各戦場に師団を置いた。そして、その戦場を管理するのは「戦場委員長」であった。だから、第二首相と話をした時のイー・チエンは、厳密に言えば、「パイリン戦場委員長」であった。

＊　＊　＊

〔フ〕「あなたが統合すると、国境の情勢はどう変わりますか」。
〔イ〕「クメール・ルージュは消滅します。カンボジアの戦争は終わります」。
〔フ〕「統合するに当たって、あなたは何を望みますか」。
〔イ〕「欲しいものはありません。ただし、ティア・バンニュ閣下に申し上げた三つの要求はぜひともお聞き届け頂きたいものです。これを受け入れて下さるなら、私は私の身体と生命を政府に捧げます」。
〔フ〕「三つの要求とは何ですか」。
イー・チエンは説明した。これに対してフン・セン首相はあっさり言った。

「その要求は大きな問題ではありません」。

そして、ティア・バンニュに言った。

「国防大臣はすぐに合意書にサインして下さい」。

一瞬だった。あっと言う間の決断だった。ここまで数時間も要し、交渉決裂寸前だったことが信じられない展開だった。「フン・セン第二首相の度量を思い知らされた」とイー・チエンは述懐する。

「これがフン・セン首相のウィンウィンポリシー（win-win-policy）です。長く戦争を続けたカンボジアにやっと平和をもたらしたフン・セン首相の政治理念です」。ウィンウィンポリシーとは、言わば双方勝者政策である。そこに敗者はいない。今、イー・チエンはフン・センに心酔している。

「一九九六年六月一五日こそがカンボジアにとって歴史的な日です。私の平和に対する思いが実現した日です。カンボジアに真の平和をもたらす力を持った偉大な方と私が出会えた日です」。

私は同年六月における新聞各社の報道を確認したが、こんな合意ができている匂いは全くない。後日、フン・セン首相は次のように言った。「われわれは二ヵ月以上も秘密工作を続けて来た」[21]。この発言はイー・チエンらの統合を公表した八月八日のものである。

＊　＊　＊

この時期、カンボジアには首相が二人いた。UNTACが実施した選挙はカンボジアに二人の首相を生んだ。ノロドム・ラナリット第一首相とフン・セン第二首相である。長くカンボジアを実効支配しながら、カンボジア人民党（フン・セン）は選挙に負けた。一方、カンボジア統治の実績が全くないにもかかわらず、フンシンペックという政党（ノロドム・ラナリット）は選挙に勝った。この難しい事態に対する政治的、現実的決着が二人首相制であった[22]。イー・チエンはこの二人の首相の内、第二首相を交渉の相手とした。それはなぜか。

「カンボジアの問題を解決できるのはフン・セン第二首相しかいないと、私は確信していたからです」。

それにしても、イー・チエンには、どこまで勝算があったのか。彼の相手はポル・ポト、タ・モク、ソン・センらであり、同時にフン・センであった。その狭間で動いたのである。

「正義が勝つと信じていました」とまずは公式見解を述べ、そして、次のように言った。「失敗したとしても国民の生命を救う試みですから、多くの功徳が積めます。結果は全く気にしていませんでした。成功だけを信じて突き進みました」。

功徳が積めるとは敬虔な仏教国カンボジアの考えである。そして、先に述べたように、同じ死ぬなら目的を失った戦争で死ぬより、平和に暮らす努力をして死ぬ方がマシだというのは実に全うである。彼が生き延びるには、もはや邁進あるのみであった。

イエン・サリを担ぐ

四月一日、イー・チエンがイエン・サリを訪ね、冷たくあしらわれたことは既述の通りである。だが、より多くの同志を糾合するにはどうしても著名な年輩者が手駒として必要だった。イー・チエンはフン・セン第二首相との合意が成った後、二度目の声掛けをした。今回、彼はあっさり乗った。

＊　＊　＊

実は冷戦崩壊直後から、アメリカにはクメール・ルージュ国際法廷の実現に極めて強い意思があった。[23] かつて大量虐殺を招いたクメール・ルージュ政権を支えた中国に対する国際戦略の一環である。その裁判において同政権の元副首相にして、ポル・ポトの義弟というイエン・サリが訴追から免れる訳がない。

左は先に引用した『なぜ同胞を殺したのか　ポル・ポト――堕ちたユートピアの夢』の一節である。再掲する。

「一九九六年八月八日…（中略）…の午前…（中略）…フン・セン（第二首相＝当時）が演説し、パイリンとプノンマライというポト派の二つの重要拠点の司令官（イ・チェン第四一五師団長とソク・ピアップ第四五〇師団長）がポト派兵士三千人と共に投降したことを明らかにした。フン・センは『二か月前から秘密裏に進めていた』ポト派分断工作の結果だったと胸を張った。…（中略）…ポト派が大きく二つに分裂し、イエン・サリ率いる西部支配地域のポト派がカンボジア政府に投降したのだ。国民の反発を考慮してか、フン・センは当初、最高幹部イエン・サリがこの投降グ

ループを率いていることを明らかにしなかった」。（傍点筆者）

この著者はイエン・サリの名がすぐに出なかったことに疑問を持ち、国民の反発を考慮して当初出さなかったのではないかと推測した。

この文は、この後、次のように続く。

「（八月八日の）二日後にはその事実を認め、『ポト派弱体化を招いた彼の功績は認められなければならない』とイエン・サリの過去の責任を追及しない方針を示唆した」(24)。（括弧内筆者）

すなわち、イエン・サリをアメリカが進めようとしているクメール・ルージュ国際法廷の被告にしないことをフン・セン第二首相が示唆したのである。普通は統合を公表した八月八日にリーダーであるイエン・サリの名は出るものであろう。つまり、統合を公表することにしたということは、八月八日の時点において、イエン・サリの裁判の取り扱いについてのカンボジア政界の政治的合意はできていたと考えて良いのではないだろうか。だが、実際には二日遅れた。ということは、「国民の反発を考慮して」というよりも、何らかの政治的、突発的動きがあり、その対応でタイムラグが生じたのではないのか。

とにもかくにも、イエン・サリは裁判から逃れられるかもしれないということになった。こんなにおいしい話はない。さらに、その二週間後の八月下旬には、今度はシアヌーク国王がイエン・サリの恩赦を示唆し、[25]ダメを押した。

＊　＊　＊

イー・チエンの再訪はイエン・サリにとっては、正に「テープ・ティダ・ソラヨ[26]（天使の降臨）」であったと言える。彼の前途は一気に開けた。それにイー・チエンら若手司令官にとっても、かつての副首相が訴追されないとなれば、彼ら下っ端の身の保障は固い。カンボジア政府がイエン・サリ不起訴の方針を打ち出したのは、クメール・ルージュの崩壊に拍車がかかると踏んでいたからであろう。タ・モク、ソン・セン、キュー・サムファンら長老も同様に助かりたいと考えるだろう。ましてや一般兵士の投降は加速するだろう。カンボジア統一という民族の悲願からすれば、イエン・サリ不起訴という極めて高度な政治的判断は理解できる。[27]

さらに、彼らの処遇は単に裁判を免れるだけの問題にとどまらなかった。朝日新聞は次のように報じている。

「ポル・ポト派から分裂し、同派ナンバー2だったイエン・サリ氏（元民主カンボジア副首相）を指導者にかつぐグループ…（中略）…は一九九八年に予定される次期総選挙に参加するため、イエン・

サリ氏を党首とする新しい政党を結成する意向で、その登録についても政府軍側に打診したという」[28]。

（括弧内原文）

「フン・セン第二首相はすでに（イエン・）サリ氏の安全を保証すると表明しており、サリ氏が求めている九八年の総選挙参加に向けた政党結成が認められる可能性が高まってきた」[29]。（括弧内筆者）

何と政界進出の可能性まであったのである。フン・セン第二首相はイエン・サリを国王恩赦によってクメール・ルージュ国際法廷から守り、政界進出もさせることでクメール・ルージュ支配地域の南半分を自派に吸収しようとしたのである。つまり、この時のカンボジアは二人首相制だから、政府に統合するといっても、この場合はフン・セン第二首相派への統合である。UNTAC選挙の結果生まれた二人首相制というのは、やはり不自然な体制であり、次の総選挙では首相は一人となる。このため両首相は生き残りをかけて水面下で激しく争っていた。従って、パイリン一帯が第二首相側となることは、今後のカンボジア政局に大きな影響があった。

統合の話はとんとん拍子で進んだ。当時の報道を見ると、フン・セン、イー・チエン双方の駆け引きは窺われるものの大局的にはスムーズだった。かくして一〇月二二日、いよいよフン・セン第二首相がパイリンに乗り込んだ。

「パイリン市内中央部の寺院で開かれた歓迎式典には政府軍と（イエン・）サリ派の兵士が合同で警備に当たる中、約三千五百人の住民が集まり、第二首相を拍手で迎えた。…（中略）…その後、第二首相とサリ氏は約二時間、会談した。…（中略）…サリ氏が、かつては（クメール・ルージュの序列で）格下だったフン・セン氏に握手を求め、演説に拍手を送る姿は歴史の流れを感じさせた」[30]と読売新聞は報じている。（括弧内筆者）

朝日新聞は「初の握手／22日、カンボジア西部のパイリンを訪れ、反政府勢力ポル・ポト派を離脱したイエン・サリ氏（右）と握手するフン・セン第二首相＝ロイター／カンボジア内戦時代にポル・ポト政権を倒した親ベトナム政権を率いてきたフン・セン氏が、イエン・サリ氏と会談したのはこれが初めて」という大きな写真と記事を掲載している。[31]

「イエン・サリは世界中で有名でしたが、若い私のことは誰も知らなかったということです」とイー・チエンは苦笑した。イエン・サリの国際的知名度は高く、イー・チエンは知られていないというのは事実である。

二〇〇五年八月、私は初めてパイリンを訪れた。元クメール・ルージュ支配地域の雰囲気を感じ取るため、家の軒先で佇んでいる人や商店など、手当たり次第、話を聞いた。そこで私は妙な体験をした。

「統合の時、イエン・サリは皆さんにどんなことを言いましたか」。

「イエン・サリの行動をどう評価していますか」。

私は何の疑いもなく、こうした質問をした。ところが、人々の答えは誰一人として例外なく

「イー・チエン」の名を使った。

「イー・チエンを信じていました」。

「イー・チエンは偉大な指導者です」。

「イエン・サリは？」と聞いて、「イー・チエンは」と返って来る。やがて通訳が私に言った。「あなたはイー・チエンとイエン・サリを間違えています」。

私はこの時イー・チエンという名を初めて知った。そして、こう考えた。「イー・チエンなる人物は恐らくイエン・サリの部下であろう。そして、この人がイエン・サリの意を体して実働部隊として動いたのだろう。世に報じられるのはグループの代表である。一方、地元の人々は彼らの前で実際に動いていたイー・チエンの名を言うのだろう」。こう私は独り納得し、そのままにしていた。

二〇一二年一〇月、パイリン市長室でイー・チエンが語り出したこと、それは正に私がかつて直面した「？」の答えであった。それを、私は目の前の本人から聞かされている。私とカンボジアとの関わりも随分深くなったものだと、しみじみ思った。

日本の報道

帰国後、新聞記事や刊行物を見直した。やはりイエン・サリ主体で記されることが多い。だが、各紙を精読して分かったのは、当時、送稿していた記者は事実関係をしっかり把握していたということである。私はイー・チエンに「ご心配なく。分かっている人は分かっていますよ」と伝えたい。以下、朝日新聞と読売新聞を見る。まずは朝日新聞から。

「一九九六年八月八日（朝日新聞（夕刊））

フン・セン第二首相は八日午前、プノンペンで行った演説で、反政府組織ポル・ポト派内で極めて有力な司令官二人が政府軍に投降したと語った。一方、タイ東部アランヤプラテートから伝えられたところによると、ポル・ポト派のラジオが同日、同派のナンバー2とされる重要幹部、イエン・サリ氏（元民主カンボジア政府副首相＝外務担当）を『裏切り者』と批判しており、同氏が投降したとの情報もある。フン・セン氏が名前を挙げたのはポト派四一五師団司令官のミット・チエン将軍と四五〇師団司令官のソク・ピヤップ将軍。それぞれポト派の重要拠点のパイリンとプノンマライの責任者をつとめ、同派軍事組織の重要幹部。…（中略）…アランヤプラテートからの情報によると、ポト派ラジオは『イエン・サリはベトナムの奴隷だ』と批判している。これらの情報が

事実とすれば、ポト派指導部内で路線を巡って内部対立が起きた可能性がある」。（括弧内原文）
ここではイー・チエンの名が「ミット・チェン」になっているが、明らかにイー・チエンのことを指している。私はイー・チエン本人に、この名を使ったことがあるかどうか確認したが、「ない」と言った。朝日新聞はしばらくミット・チェンと表記するが、一〇月一五日から「イー・チェン」（本書は「イー・チエン」）となる。
この記事にはイー・チエン（記事ではミット・チェン）、ソック・ピアップ（記事ではソク・ピヤップ）、イエン・サリの名が並ぶ。だが、「イー・チエン及びソック・ピアップ」と「イエン・サリ」の関係が明確に記されていないため、誰が中心なのか分からない。ただ、文脈から判断するとイエン・サリを「ナンバー2」と紹介しているところから、二人の司令官の背後にイエン・サリがいるようにも読める。

「八月一一日（朝日新聞）
ポル・ポト氏ら強硬派に反旗をひるがえした『和平派』の勢力は、ポト氏ら側に平和的に合流するよう求めた。…（中略）…（ポル・ポト派）ナンバー2のイエン・サリ氏を指導者として和平路線を求める四五〇師団と四一五師団は、あくまでポト氏を指導者として反政府武力闘争の継続を訴えるソン・セン氏、ヌオン・チア氏ら強硬派を南北から包囲している。…（中略）…フン・セン第二

首相は十日、ポト派五一九師団の大半も『和平派』に合流したことを明らかにし」た。（括弧内筆者）

この記事は明確である。

①ポル・ポトらに反旗を翻した和平派がある。

②そのグループは第四五〇師団と第四一五師団が中心である。

③イエン・サリを指導者としている。

④和平派に第五一九師団も合流した。

最後の第五一九師団については先に説明した。なお、実際に帰順した師団数は既述のイー・チエンの発言のように四個師団である。パイリンの第四一六師団が抜けている。

「八月一四日（朝日新聞）

カンボジアの反政府勢力ポル・ポト派から分裂し、同派ナンバー2だったイエン・サリ氏（元民主カンボジア副首相）を指導者にかつぐグループが、カンボジア政府軍との間で休戦交渉を開始したことが十三日判明した。…（中略）…ポト派の重要拠点だったプノンマライ、パイリン地区をあずかる四五〇師団、四一五師団が、イエン・サリ氏を指導者に『和平派』の中核になっている」。

（括弧内原文、傍点筆者）

一一日の記事と同趣旨であるが、「かつぐ」という表現が現れた。イエン・サリの立場がはっきり分かって来たようだ。

「八月一六日（朝日新聞）

イエン・サリ氏を指導者にかつぎ和平をめざすグループと政府軍はすでに休戦交渉を始めている」。（傍点筆者）

ここも同じである。「かつぎ」と説明している。

「八月一七日（朝日新聞）

カンボジアの反政府勢力ポル・ポト派から離脱した同派の元ナンバー2イエン・サリ氏（元民主カンボジア副首相）らのグループは十六日、…（中略）…声明を発表した。…（中略）…十五日付の声明はイエン・サリ氏のほか、造反したポト派四五〇師団のソック・ピエップ師団長と同四一五師団のミット・チェン師団長の署名がある」。（括弧内原文）

これは声明には三人の署名があるという客観的事実の報道だが、二人の師団長がイエン・サリと同格である、あるいは、この離脱に不可欠の存在である、と理解できる。

それにしても、八月八日の公表から一週間以上が経過した一七日の記事においても、まだ「ミット・チェン」であり、かつ同一記者の筆でありながら「ソク・ピヤップ」（八月八日）だったり「ソック・ピエップ（八月一七日）」だったり、離脱の中心人物の名前や表記が安定していない。

「八月二〇日（朝日新聞）

イエン・サリ氏は、十五日付で声明を出し、『病気は完治していないが、ポル・ポトと決別し民主体制を取り戻すため指導者を引き受ける』と述べた。ポト氏ら強硬派に反対する司令官らは、すでにサリ氏を指導者にかつぐことを声明で表明しているが、サリ氏自身が指導者となることを明言したのはこれが初めて」。（傍点筆者）

この記事によって、イエン・サリが「かつがれた存在」であり、彼自身がその立場を明確にしたことが分かる。

次に読売新聞を見る。

「八月一一日（読売新聞）

フン・セン第二首相は十日、さる八日までに投降した反政府勢力ポル・ポト派の二個師団に続き、近くもう一師団が投降する可能性が高いことを明らかにした。…（中略）…すでに帰順したのは、同派の資金源であるルビーの産地パイリンを拠点とする四一五師団と、軍事的要衝のマライ山に展開する四五〇師団。第二首相によると、マライ山付近にいる五一九師団が新たに投降の意思を示しているという。…（中略）…だが、ポト派放送は九日、帰順した二人の師団司令官について、『反逆者は逮捕して、軍事法廷で裁くべきだ』と非難しており、政府筋によると、この二つの師団に対し、ポト派の最強硬派タ・モク軍参謀総長の率いる部隊が報復攻撃を開始したという。

また、ポト派の地下ラジオ放送により『裏切り者』と非難されている同派ナンバー2のイエン・サリ元副首相について、帰順した二人の司令官は九日夜に出した声明の中で、『我々の新しい指導者』と呼び、『ともに行動したい』と表明、イエン・サリ氏が大量投降に大きく関与していることを示唆した。

だが、第二首相が『イエン・サリ氏の居場所はまだわからない』と述べるなど、一連の動きにはなぞの部分も多い」。（傍点筆者）

ここからは、第四一五師団（イー・チエン）と第四五〇師団（ソック・ピアップ）が反逆の中心的存在だと読み取れると同時に、イエン・サリが関与していることも分かる。だが、イエン・サリは所在不明であることを紹介し、「一連の動きにはなぞの部分も多い」と記す。統合の公表直後の八月一〇日においては、現地記者もまだイエン・サリの位置付けが明確でなかったようだ。

「八月一九日（読売新聞）
イエン・サリ元副首相はポル・ポト元首相の義弟。ポト政権（七五―七九年）は、ポル・ポト＝イエン・サリ体制とまで呼ばれた。貨幣、市場、宗教を廃止、都市住民を農村に強制移住させ、過酷な労働を課し、百万単位の国民を死に追いやった虐殺の張本人の一人。
中国からの軍事的、財政的援助を担当していたサリ氏は、九一年のパリ和平協定締結後、中国からの支援が途絶えたため、影響力を失ったとされ、九四年には失脚説も流れていた。
ポト派内では現在も、ポト氏が影響力を持ち、サリ氏とともに副首相を務めたヌオン・チア氏や、最強硬派のタ・モク軍総参謀長とソン・セン軍最高司令官が実権を握り、虐殺のイメージが薄いキュー・サムファン議長が表の顔を務める」。

イー・チエンに従えば、既に述べたように、イエン・サリは一九八四年、ポル・ポトらと対立してクメール・ルージュを逃げ出し、以来タイでひっそり暮らしていたということだから、この報道と違いがある。それはさておき、この記事は次のように続く。

「今回の分裂は、ルビーの産地でポト派の資金源のパイリンを拠点とする師団に、タ・モク氏ら指導部が締め付けを強化、収益のすべてを供出するよう命令したのが一因で、反発した師団が、冷遇されていたサリ氏を担ぎ、離脱したという。師団司令官らは、サリ氏を指導者とする政党の結成と九八年の次期総選挙への参加を政府に求めている。サリ氏は、『大虐殺はポト氏が権力強化のために一人で決めたこと』と声明を出すだけで、所在は不明だ」。(傍点筆者)

ここには「反発した師団が…サリ氏を担ぎ、離脱」とはっきり書いている。そして、さらには「師団司令官らは(政党結成と選挙参加を)政府に求めている」とある。明らかに、これらの主語はイー・チエンらである。さらに、イエン・サリは「声明を出すだけで」あって、「所在は不明」とも述べている。この記事は誰が主体か明瞭である。

＊　＊　＊

ところで、この記事は、イー・チエンらの離脱の原因を、パイリンのルビー収益の拠出を命じたことが一因としている。フィリップ・ショートも「パイリンとマライは宝石と木材を扱うタイとの主要貿易地だった。地元司令官らは貿易の分け前を手放したがらなかった」[32]と同趣旨のことを述べている。要するに、中国とタイの支援が先細りになる中で、クメール・ルージュの指導部がパイリンの収益を狙ったのが一つのきっかけだったのだろう。クメール・ルージュの分裂、さらには消滅は、結局のところ、外国からの支援の喪失にあることがよく分かる。

平和への導火線

「功績を横取りされた」とのイー・チエンの心配は当時の記者には無用だった。だが、それにもかかわらず、いつの間にか、統合を進めたのはイエン・サリである、となったのも現実である。それに、仮に彼がお飾りだと承知していても、概要を述べる時はリーダーの名が一人あれば良いというのはよくあることだ。

また、担がれた御神輿は御神輿で、求められた役目をしっかりと果たしたと言えるのかもしれない。イー・チエン自身が言うように、彼は無名の若造だったからこそイエン・サリを必要とした。だから、このようになってしまったのにはやむを得ない面がある。

しかしながら、イー・チエンの気持ちはよく分かる。特に彼が忘れ難いのは、最初相談した時、イエン・サリが極めて冷淡だったことである。それが、その後フン・セン第二首相と話が付いたとなると喜々として便乗した。そして、実際すべて取り仕切ったのはイー・チエンであったにもかかわらず、万事うまく行った後には、

「自らが統合の主役だったと振る舞い、今や世界中がそう思ってしまった」。

いや世界だけでない、

「カンボジア国内でも、そのように考えている人が多い」。

パイリン市内の私邸で筆者（中）に昼食を振る舞うイー・チエン（右）。左は通訳コン・サンロート

こうイー・チエンは気色ばむ。

「カンボジアの平和のために努力したことであり、それを達成できたのですから、それで良いと思います」と彼は言う。だが、そう自らに言い聞かせても、やはり悔しいものは悔しい。「事実が捻じ曲げられるのは無念です。後世に伝えられるべきは事実です」。彼は自らを「平和への導火線」と評する。いかにも軍人らしい言い方である。

「これまで欧米や日本などのマスコミから取材を受けても、私は表面的なことしか言いませんでした。もし本当のことを言えば、問題を解決したのは自分だと思っている人と喧嘩になり、混乱が生じる恐れがありました。そんなことになったら大恩あるフン・セン首相に迷惑をかけます。それは絶対できませんでした」。（傍点筆者）

「また、その人物に下手に反論され、諸説入り乱れ、結局不正確なことが定説化するのも怖かったです」。

そんな思いで過ごして来た彼が、そうした心配も薄らいだようだと考えるようになった時、ご縁があって、私が話を聞くこととなった。

「カンボジア和平の最後の課題であったクメール・ルージュと政府との統合について本当に正しく語れるのは私だけです。このままでは真実が消えてしまうと不安でした。私は将来のカンボジア人のために証言をきちんと残しておく義務があります。私のことは私の部下や仲間はもちろん、国境にいた何万もの人々が知っています。パイリン、マライ、プノンプラック、トモープアクなど国境のすべての人々が私の証人です。今日、私はロックルー（先生）に包み隠さず語りました。第三者にここまで詳細に話したのは初めてです」。

三千五百バーツ（一万五千円）の平和

イー・チエンは面白いことを言った。UNTACは一年半で二八億ドルを使った。[33] これだけの時間と巨額をつぎ込みながら完全な解決はできなかった。それに対し、イー・チエンとティア・バンニュがラヨーンで使ったのはたったの三千五百バーツ（約一万五千円）だった。

「私たちは午後三時から午後九時過ぎまでの約六時間、三千五百バーツでカンボジアを平和にしました」。

しかしである。UNTACに非協力だったのはクメール・ルージュではないのか。

だが、クメール・ルージュから言わせれば、中国とタイが後ろに控えていたから、そうなったのである。それに、そもそもかつてベトナムによって政権の座を追われたクメール・ルージュを必要としたのはアメリカと中国である。東側陣営に対抗するため、彼らはクメール・ルージュを使った。それなのにソ連崩壊でクメール・ルージュが不要となったら、あっさり見捨てた。実に身勝手である。

しかし、見方を変えれば、国際社会がカンボジア人に、もう戦争しなくて良いと言っているのだ。そうした流れの中でイー・チエンが出て来た。歴史は、その時々に必要な人物を登場させる。

ポル・ポトの火葬場
〔アンロンベン郊外のダンレック山中〕

＊　＊　＊

イー・チエンがクメール・ルージュを真っ二つに割った翌一九九七年、ラナリット第一首相とフン・セン第二首相は首都プノンペンなどで戦火を交えた。「カンボジア、また内戦」と、世界中に報じられた。この勝負はラナリットが追放され、フン・センの勝利で終わった。

この間、残されたクメール・ルージュ北部地域の長老らはポル・ポトを自らの手で裁判にかけ虐殺のイメージを拭い去ろうとしたり、第一首相との連携を図ったりして、生き残りを画策したが、さらなる内部分裂を重ね、衰退の一途をたどった。[34]そして、一九九八年四月一五日には、ついにポル・ポトが死んだ。[35]他殺説、自殺説、病死説が入り乱れる。その後、次々に幹部諸氏が逮捕され、クメール・ルージュは消滅した。

＊　＊　＊

私がインタビューを終えた数年後、イー・チエンはフン・セン首相から、そろそろ定年だからパイリン市長のポストを後進に譲って欲しいと持ちかけられた。退任後はパイリン市評議会議長の座を用意されたようだ。では、後継者はどうしようとしたのか。噂のレベルだが、イー・チエンは自らの妻を推したらしい。だが、フン・セン首相からは、彼の妻には国会議員として国のために尽くして欲しいと言われた。こうして最終的に新市長に任命されたのはカウット・ソティアであった。彼も元クメール・ルージュであり、イー・チエン配下の一人だが、温厚な人柄で知られる。必ずしもイー・チエンの本意ではなかったようだ。

イー・チエンは、その後、市評議会議長職も辞した。冒頭で述べたように、現在は上級大臣である。フン・セン首相を支える立場であるが、実態は名誉職だと言われる。彼の自宅は今もパイリンにあるとはいうものの、主たる生活の場はプノンペンになっているらしい。

パイリンはイー・チエンが長く支配した彼の拠点であった。彼はここで命をかけて戦った。

そのパイリンをイー・チエンはフン・セン首相に差し出し、ポル・ポトを潰した。自らは生き延び、パイリン市長となった。

そして今は、その彼がパイリン市長を辞した。

カンボジアからクメール・ルージュの支配が名実共に消えたように、私には思えてならない。

〔注　記〕

はじめに

（1）（2）"Cambodian Genocide Program/Yale University" ホームページ。

（3）The Cambodia Daily (August. 24. 2012).

第一部　ポル・ポトに感謝する男――コン・デュオン

（1）永瀬一哉『気が付けば国境、ポル・ポト、秘密基地――ポル・ポト派地下放送アナウンサーの半生』（二〇一〇年　アドバンテージサーバー）七四頁。

（2）移転時期は永瀬一哉『クメール・ルージュの跡を追う――ジャングルに隠れたポル・ポト秘密司令部』（二〇一二年　同時代社）の第五章「オスオスデイの謎を解く」で解明した。

（3）『…跡を追う』八五頁～八七頁。

（4）『気が付けば…』一一八頁～一二七頁。

（5）『…跡を追う』五四頁～五五頁。

（6）『気が付けば…』一〇一頁。

（7）前掲書一〇六頁～一〇七頁。

（8）前掲書一〇一頁。

（9）前掲書九九頁。

(10)前掲書九九頁。
(11)前掲書一〇一頁。
(12)『気が付けば…』、『…跡を追う』の両書でニュース部門を第一八部門、音楽部門を第二七部門としたが、部門のナンバーが逆であった。ここに訂正する。
(13)『気が付けば…』七五頁。
(14)前掲書九九頁。
(15)前掲書一四六頁。
(16)前掲書一九二頁～一九四頁。
(17)私はカンプチアクロムを二〇〇一年に訪問した。そこにはクロマー(カンボジアの伝統的織物)を頭に巻いた人々が行き交い、クメール文字があちらこちらに書かれていた。ここがその昔はカンボジアであったことを実感した。『気が付けば…』一九四頁～一九五頁。
(18)『気が付けば…』一〇五頁。
(19)前掲書一七〇頁。
(20)『…跡を追う』一一五頁～一一八頁。
(21)読売新聞　一九八九年九月二二日
(22)『気が付けば…』一〇九頁～一一一頁。
(23)放送車が攻撃された地点はオーロエルである。前掲書一四三頁の地図を参照。
(24)前掲書一四二頁～一四四頁。

(25) 前掲書一四四頁〜一四六頁。
(26) 前掲書一〇五頁〜一〇六頁。
(27) ただし、彼が「全貌」を知ったのは小学校での勉強である。ここで「三百万人殺した」と聞いた。ということは、ヘン・サムリン政権は学校教育を通してもクメール・ルージュに反論していたと言える。なお、彼が習ったヘン・サムリン政権の言う三百万人は多過ぎるというのが現在の一般的理解である。
(28)『気が付けば…』一一四頁〜一一六頁。
(29) 本書第三部「ポル・ポトを潰した男」を参照。
(30)『気が付けば…』二〇〇頁。
(31) 前掲書二五二頁〜二五三頁。

第二部　ポル・ポトの処刑を見た男――リム・サローム

(1) フィリップ・ショート著　山形浩生訳『ポル・ポト　ある悪夢の歴史』(二〇〇八年　白水社)四〇八頁。
(2) 山田寛「ポル・ポト〈革命〉史　虐殺と破壊の四年間」(二〇〇四年　講談社)一〇三頁、一〇四頁。
(3) 前掲書一五九頁。
(4)『気が付けば…』二一七頁。
(5) 前掲書四二頁〜四三頁。
(6) バッタンバン州の「ឯកភ្នំ」をどのように片仮名表記するかで苦慮した。カンボジア人の実際の発音を聞くと、「アイプノム」、「アエプノム」、「アイクプノム」、「アエクプノム」などと聞こえる。アルファベットでは「Aek Phnum」や「Ek Phnom」などと記されるようである。この後者に従って、日本で「エクプノム」と片仮名表記しているものもある。二〇一六年、東京外国語大学大学院に留学していたオム・チャン・カナリットさん（王立プノンペン大学日本語学科卒業）の意見を参考に、本書では「アエクプノム」と記すこととした。

（7）ロン・ノル政権で首相を務め、その後シアヌーク派の最高司令官になった（読売新聞　一九八九年九月二九日「ベトナム軍撤退　カンボジア現地報告⑥」）。さらにその後、カンボジア新政府を樹立するためのUNTAC総選挙においては民主党なる小政党を率いて立候補している（読売新聞　一九九三年四月七日）。二〇〇六年四月、亡命先のアメリカ合衆国アリゾナ州にて亡くなった。八三歳。

（8）山田前掲書八八頁。

（9）前掲書六九頁。

（10）読売新聞、毎日新聞、産経新聞　二〇一三年五月七日。

（11）山田前掲書七七頁〜七八頁。

（12）前掲書七一頁。

（13）『気が付けば…』八一頁。

（14）山田前掲書一六二頁。

（15）カンボジア歴史絵画伝承館（本館／日本語）
https://www.facebook.com/nagase.kazuya.7#!/cambodiadenshokan/
同（本館／英語／英語名称 Cambodia Massacre Memorial Museum - Main Building）

https://www.facebook.com/nagase.kazuya.7#!/Cambodia-Massacre-Memorial-MuseumMain-Building-1230653476946954/

同（別館／日本語、英語／英語名称 Cambodia Massacre Memorial Museum - the Annex）

https://www.facebook.com/nagase.kazuya.7#!/cambodiadenshokanbekkan/

第三部　ポル・ポトを潰した男——イー・チエン

（1）共同通信　一九九七年四月五日。

（2）藤下超他『なぜ同胞を殺したのか　ポル・ポト——堕ちたユートピアの夢』（二〇〇一年　NHK出版）三七頁。

（3）舟越美夏『人はなぜ人を殺したのか　ポル・ポト派、語る』（二〇一三年　毎日新聞社）六六頁。

（4）フィリップ・ショート前掲書六六〇頁。

（5）フィリップ・ショート前掲書の邦訳（六五九頁、六六〇頁）には「ソク・フェプ」とある。フィリップ・ショートの原書（ペーパーバックス版四三七頁）には「Sok Pheap」と記されている。私がイー・チエンから聞く発音はカタカナで表記すると「ソック・ピアップ」である。

（6）『気が付けば…』二二六頁、二二八頁。

（7）前掲書三四頁。

（8）フィリップ・ショート前掲書六六一頁。同原書（英文／ペーパーバックス版）四三八頁。

（9）読売新聞　一九九六年七月一九日。

(10) 朝日新聞　一九九六年九月八日。引用した記事の括弧内は筆者。

(11) 読売新聞　一九九四年一一月一日。

(12) 読売新聞　一九九四年一二月一五日。

(13) フィリップ・ショートはイエン・サリが表舞台に立った最後は一九八一年の国連総会であり、以後、彼は肩書きを失ったと言う（フィリップ・ショート前掲書六三四頁）。

(14) ヌーン・パエットは同年七月、プノンペンからカンポット市に向かう列車を襲撃し、英仏豪の三カ国の男性旅行者を誘拐し、九月に三人を射殺した。一九九四年一一月一日の読売新聞には、「パエト司令官が率いるカンボジア南部の部隊が、身代金目当てに独断で実行したとの見方が有力だ」と、彼は名指しされている。本文で述べたようにクメール・ルージュへの外国からの支援が途絶えがちになり、追い詰められた各地の部隊が独自に軍資金を確保せざるを得なくなっていたようである。イー・チエンによれば、彼はその後、刑務所に収容された。なお、フィリップ・ショートは三人の殺害はポル・ポトの指示だとしている（フィリップ・ショート前掲書六五八頁）。

(15) どうもこれは日本では報じられていないようである。注記（14）の事件で三人の男性が殺害されたのは、「（解放交渉の）過程で要求額がマスコミに漏れて裏取引がしにくくなった」事情もあるとされている（読売新聞　一九九四年一一月五日）。ということは、想像を逞しくすれば、日本人記者に関しては秘密裏に取引できたので公表されなかったということなのだろうか。この事件はイー・チエンの何らかの誤認か、あるいは本当にあったことなのか、全く分からない。

本文に記したように、イー・チエンは私のインタビューに際し机上に置いた自筆の記録を見ながら答えているが、ヌーン・パエットと意見交換した日は分からなくなっていた。だが、事件が事実とすれば、一連の流れから考えて、一九九四年四月半ばから五月にかけてのことになる。

(16) フィリップ・ショート前掲書六五九頁に「一九九六年二月（から）…（中略）…まもなくイ・チェアンとソク・フェブ（イー・チエンとソック・ピアップのこと）も、軍事委員会の副委員長を務めるFUNCINPEC《フンシンペック》のネク・ブンチャイ（本文一二四頁のネアック・ブンチャイのこと）と話し合うために、ひそかに（タイの）チャンタブリに向かった。そこで彼らは鞍替えすれば配下の兵士ともども特赦を受け、現在の管轄地の指揮権を維持できると聞かされた。これはシアヌークが半世紀前に使ったのと同じやり方だった。当時ダプ・チャオンやプト・チャイなどのイサラク離反者は王室軍に地位を得て、拠点とする地区を引き続き管理させてもらえた」（括弧内筆者）とある。従って、この時、イー・チエンは決してその場の思い付きで、こうしたことを言った訳ではなさそうである。

(17) イン・パンについては『気が付けば…』一五七頁〜一五八頁、二四一頁〜二四二頁を参照。

(18) フィリップ・ショート前掲書五九一頁。

(19) 『気が付けば…』二二四頁。

(20) フィリップ・ショートは「およそ四千人」としている（フィリップ・ショート前掲書六六〇頁）。

(21) 朝日新聞　一九九六年九月八日。

(22) 「この連立はシアヌークの提案によるものです。選挙ではほんのわずかフンシンペック票の方が多かった。そこで、もしフンシンペックが第一党であるということで、全大臣のポストをおさえて政権を握れば、地方組織も警察もおさえ実際上は一番力を持っている人民党が反乱を起こすことは目に見えておりました。シアヌークは「これはいかん」と思ったのでしょう。初めはしようがないから自分が首相になって、フン・センとラナリット――自分の息子でフンシンペック党の党首です――を副総理にすると提案しました。しかし案の定、西側諸国から大変な反対がありました。そこで彼はイヤになってやめたのですが、しばらく経ってどうにもならないというのがわかって、共同首相制を採りました。九三年九月に新しい政府ができ、自分が王位に就くと、シアヌークは第一党のフンシンペック党のラナリットを第一首相に、人民党のフン・センを第二首相にしました。ただし、第一も第二もプロトコール・オーダーだけの違いで、全く同じ権限を持っています。首相が二人いるというのは本来おかしいのですが、これがシアヌーク的な、私はあえて英知と言いたいのですが、大変な知恵であ」る（今川幸雄「カンボジア和平と日本の創造型外交」一九九六年二月二七日、日本記者クラブ記者会見）。

「フンシンペック党の勝利が確定的になった《一九九三年》六月三日には、シハヌークが自分を中心とする暫定連合政府の発足を発表し、翌日には急転直下の『取り下げ』と『おわび』に至った…（中略）…第一党のフンシンペック党党首ラナリット（シハヌークの第二夫人の息子）と、第二党の人民党副議長フン・セン（前プノンペン政権首相）の二人を副首相に据え《る構想をアメリカが拒否した》（木村愛二『国際利権を狙うPKO』（一九九四年　緑風出版）一六〇頁～一六一頁）。（《　》内筆者）。二人首相制は様々な政治的思惑が交錯した結果である。

(23)『気が付けば…』二四五頁。

(24)藤下他前掲書三七頁。

(25)朝日新聞　一九九六年八月二三日。「ポト派分裂後、この問題には沈黙を守っていたシアヌーク国王も同日、ポト派を離脱したイエン・サリ氏への恩赦について、両首相と国会から要請があれば検討することを示唆した」。

(26)本書第一部「ポル・ポトに感謝する男」の「イメージソング」参照。

(27)イエン・サリは思惑通りにならなかった。後日起訴され、二〇一三年三月、被告の身で八七歳で死去した。

(28)朝日新聞　一九九六年八月一四日。

(29)朝日新聞　一九九六年八月二三日。

(30)読売新聞　一九九六年一〇月二三日。

(31)朝日新聞（夕刊）一九九六年一〇月二三日。

(32)フィリップ・ショート前掲書六五九頁。

(33)前掲書六五二頁。

(34)『気が付けば…』二二二頁〜二三六頁。

(35)前掲書二四二頁〜二四六頁。

〔本書関連事項・略年表〕

一九五一年四月一三日　イー・チエン誕生。
一九五二年（月日不明）　リム・サローム誕生。
一九五三年一一月九日　カンボジア、フランスから独立。
一九五九年（月日不明）　コン・デュオン誕生。
〃〃　リム・サローム小学校入学か。
一九七〇年三月一八日　親米ロン・ノル政権成立。アメリカ軍によるカンボジア空爆開始。
〃〃　イー・チエン、「反アメリカ、反ロン・ノル」闘争のためクメール・ルージュに入る。
一九七二年　リム・サローム、バッタンバン市のウントゥーン仏教中等学校入学。
一九七四年一一月　コン・デュオン、プノンペン郊外でクメール・ルージュに拘束さる。
一九七五年四月一七日　ロン・ノル政権崩壊。クメール・ルージュ政権成立。
四月一八日　クメール・ルージュ、バッタンバン市を占領。
四月二三日　クメール・ルージュ、バッタンバンで元ロン・ノル兵数百名を射殺。
一九七五年五月（頃）　リム・サローム、チュレイカオン・サハコーに入る。
一九七六年一〇月　**リム・サローム、ヴィアルトリア・コーンチャラットを目指しチュレイカオン・サハコーを脱走。クメール・ルージュに拘束される。数日後、アエクプノム収容所に移され、厳しい拷問を受ける。その後、処刑のアシスタントを命じられ、一三日間、従事。**

一九七七年一月　リム・サローム、釈放される。
一九七八年一二月二五日　ベトナム、カンボジア侵攻開始。
一九七九年一月七日　ベトナム、クメール・ルージュ政権を倒し、プノンペンにヘン・サムリン政権を樹立。
一月〜六月　イー・チエン、反ベトナム闘争のため第五一九師団、第四一五師団などを結成。
七月　クメール・ルージュ秘密司令部第一三一局、タイ領内に成立。
一九八〇年三月　コン・デュオン、第一三一局スタッフになる。
一九八二年六月　マレーシア・クアラルンプールにて三派連合政府樹立宣言。
一九八三年二月？三月？　**第一三一局にラジオ局設置。コン・デュオン、アナウンサーになる。以来、「反ベトナム、反ヘン・サムリン政権」の放送を担当。**
一一月　一三一局、カンボジア領内に移転。
一九八四年　イエン・サリ失脚（イー・チエン証言による）。
一九八五年一月　カンボジアの第一三一局、ベトナムの攻撃を受ける。
五月（頃）　K5作戦開始。
〃〃　リム・サローム、バッタンバン市内で処刑担当ラットがK5に従軍しているのを見かける。
一九九一年一〇月　パリ和平協定調印。
一九九二年初頭　カンプチアクロム出身の青年二人、アンロンベン付近でクメール・ルージュの捕虜となり、その後、反政府ラジオのベトナム語担当アナウンサーとなる。
一九九二年三月〜翌年九月　UNTAC（国連カンボジア暫定統治機構）カンボジアに展開。カンボジア王国誕生。

一九九四年三月　政府軍、パイリン攻撃。ラジオ放送車も砲撃される。

四月　イー・チエン、イエン・サリを訪問。冷たくあしらわれる。

四月　イー・チエン、ロン・タエムを訪問。初の賛同者を得る。以後、精力的に各地司令官に連絡。

七月　ポル・ポト、プノンプラックに幹部を招集。

一九九五年一月　クメール・ルージュ非合法化。この頃、クメール・ルージュへのタイの支援中止か。

四月　イー・チエン、ソック・ピアップをタイで説得。盟友となる。

一九九六年三月　ポル・ポト、イー・チエンに出頭命令。イー・チエン無視。

四月　タ・モクの説得工作失敗。

五月　プロム・パット、政府職員になる。

五月　イー・チエン、プロム・パットに対してティア・バンニュ国防大臣に連絡を取るように指示。

五月　イー・チエン、ティア・バンニュと電話で協議。

六月一日　イー・チエン、ポル・ポトの攻撃を受けたためタイ・パタヤでのティア・バンニュとの協議に参加できず。

六月一五日　**タイ・ラヨーンで、イー・チエン、ティア・バンニュ会談。フン・セン第二首相の瞬時の決断でイー・チエンらの四個師団の政府への統合が決定。**

七月　フン・セン第二首相、訪中。カンボジア政府と中国の友好関係樹立。この頃までにクメール・ルージュへの中国の支援中止か。

八月　フン・セン第二首相、イー・チエンらの投降を公表。

一〇月	フン・セン第二首相、パイリン入り。
一九九七年四月	共同通信、イー・チエンの記事を配信。
七月	ラナリット第一首相とフン・セン第二首相、軍事衝突。
一二月	シエムリアップの船着場でプルム・サクンと出会う（永瀬一哉）。
一九九八年四月一五日	ポル・ポト死去。
八月	プルム・サクンに、添削したアンコール遺跡群案内用日本語原稿をプレゼント（永瀬）。
二〇〇一年五月	カンプチアクロム訪問。そこに伝わるクメール文化を見て、ここがかつてカンボジアであったことを実感（永瀬）。
二〇〇五年八月	パイリン初訪問。コン・デュオンと出会う。街で「イー・チエン」の名を知る（永瀬）。
二〇〇九年一二月	コン・デュオンの案内でタイの第一三一局跡地を訪問（永瀬）。
一二月	プルム・サクン、永瀬に岳父リム・サロームの取材を依頼。リム・サロームと共にアエクプノム収容所跡地を初訪問。リム・サロームへの初のインタビュー（永瀬）。
二〇一〇年七月	『気が付けば国境、ポル・ポト、秘密基地』（アドバンテージサーバー）刊行。
八月	リム・サロームと共にアエクプノム収容所跡地を再訪。二度目のインタビュー（永瀬）。
二〇一一年三月	コン・デュオンの案内でカンボジアの第一三一局跡地を訪問（永瀬）。
三月	リム・サロームに、彼の自宅で、三度目のインタビュー（永瀬）。
四月	カンボジア国境警備隊の案内でカンボジアの第一三一局跡地を再訪。同国境警備隊の仲介でタイ国境警備隊の了解を得てタイの第一三一局を再訪（永瀬）。

二〇一二年七月　八月　コン・デュオンの案内でカンボジアの第一三一局跡地を再訪（永瀬）。
　　　　　　　八月　『クメール・ルージュの跡を追う』（同時代社）刊行。
　　　　　　　八月　コン・デュオンに「ポル・ポトの心理戦」のインタビュー（永瀬）。
　　　　　　一〇月　リム・サロームにシエムリアップ市内のホテルで四度目のインタビュー（永瀬）。
　　　　　　一〇月　パイリン市庁舎でイー・チエン市長にインタビュー（永瀬）。
二〇一三年五月　リム・サロームに、通訳宅で、五度目のインタビュー（永瀬）。歴史絵画伝承館建設準備のためインタビュー回数が増えた。
　　　　　　　八月　通訳コン・サンロート来日。永瀬宅でリム・サローム証言を通訳する苦しさを吐露。
二〇一四年五月　特定非営利活動法人インドシナ難民の明日を考える会、「カンボジア歴史絵画伝承館」をシエムリアップ市ワット・トゥメイ境内に建設。開館セレモニーを実施。
　　　　　　　八月　イー・チエン、パイリン市長を辞す。後任はカウット・ソティア。
二〇一五年八月　イー・チエンに二度目のインタビュー（永瀬）。
　　　　　一一月　タイ国境に住む元第一八部門スタッフを訪問（永瀬）。
二〇一六年七月　インドシナ難民の明日を考える会、フェイスブック「カンボジア歴史絵画伝承館（本館・別館）」を開設。
二〇一七年一月　インドシナ難民の明日を考える会、フェイスブック「カンボジア歴史絵画伝承館」英語ページ（Cambodia Massacre Memorial Museum - Main Building）を開設。
　　　　　　　　『ポル・ポトと三人の男』（揺籃社）刊行。

おわりに

インタビュー中、イー・チエン氏の携帯電話が何度も鳴ったことは「はじめに」で述べた。市長職は多忙である。ある電話の時は「タイ軍が私に会いたいと言って来た」と言い、にこっと笑った。といって私のインタビューはやめない。さらに、昼になったからと、私を自宅に招き昼食を振る舞ってくれた。「手作りの食事で兄弟のようにもてなします」と言って、また微笑んだ。イー・チエン氏は本当に良い笑顔をする。

イー・チエン氏から「今日の詳細な話は初めて公表したことである」と言われた。第一部のコン・デュオン氏からも「初めてポル・ポトの心理戦を人に話した」と言われた。第二部のリム・サローム氏からも「この異常な体験談を第三者に語るのは初めてだ」と言われた。従って、いずれも貴重な証言であることは確かだが、当然、本人しか分からないことも多い。その裏取りは非常に難しい。この場合、彼らの証言を忠実に記録するのみである。この点につきご承知おき頂きたい。

第二部のプルム・サクン君がアンコール遺跡の日本語ガイドだった頃、カンボジアに何度か行った日本の旅行会社の添乗員だった女性と、二〇一六年五月、都内でお会いする機会があった。聞いてみれば、サクン君は当時シエムリアップで最も信頼を得ているガイド二人のうちの一人だった。彼の日本語の説明は分かりやすく、観光客の評判がすこぶる良かったらしい。この添乗員の女性は彼と一緒に仕事をして、初めて顧客アンケートで満点を得た。「サクンさんに頼めば間違いない」と関係者は高い評価をしていたと言う。

私は彼女に本文で述べた「乳海攪拌《にゅうかいかくはん》」などの日本語の裏話をした。そして、私が書いた文章の一節を思い出しながら語った。すると彼女は「確かにそんな言い方をしていました」と言った。しかし、サクン君の人気が上がったのは、私の日本語が格別に素晴らしかったからであろうはずがない。他のガイドも、彼のあの元の文章と同じレベルであったとするならば、日本人観光客に意味が分かる訳がない。私は日本人に分かるよう普通の日本語にしただけのことである。それが私の思う以上に彼を助けていたらしい。

今、私が彼から「お父さん」と呼ばれているとは既述の通りたが、私の日本語がこれほどまでに彼の人生に影響を与えていたことを私は知らなかった。だからこそサクン君との付き合いがいつまでも続くのだろう。そして、その結果として本書第二部や絵画伝承館が生まれた訳である。人生の妙味は人との出会いである。

本書刊行に当たってはプノンペン市在住の日本語話者コン・サンロート氏、読売新聞社木田滋夫氏、揺籃社山﨑領太郎氏から多大のご協力とご助言を得た。厚く御礼申し上げたい。

私は今年、還暦を迎えた。亡き両親をいつも「仏様」ならぬ「ほっとけ様」で過ごして来た私だが、近年、己の今日在るは須《すべから》く両親の御蔭であるとの思いにようやく至った。

本書を、私を育んでくれた両親、従姉など、私にとってかけがえのない今は亡きすべての家族、親族に捧げる。

二〇一七年一月一〇日

永瀬一哉

【著者略歴】
永瀬一哉（ながせ・かずや）
一九五六年生まれ
早稲田大学文学部日本史学専攻卒業
早稲田大学大学院教育学研究科修士課程修了
現在、神奈川県教育公務員

アフターファイブに「特定非営利活動法人・インドシナ難民の明日を考える会」代表として在日インドシナ難民支援とインドシナ本国（特にカンボジア）支援に従事する一方、ＮＨＫ学校放送番組委員を二〇年余務め、主に中高の社会科番組の制作に関わる。また、カンボジア王国情報省よりカンボジア国営放送パイリン放送局アドバイザーに任命され、カンボジアのテレビ番組の制作にも関わる。
著書は『太平洋戦争・海軍機関兵の戦史』（明石書店）、『気が付けば国境、ポル・ポト、秘密基地』（アドバンテージサーバー）、『クメール・ルージュの跡を追う』（同時代社）など。
文部大臣奨励賞、博報賞、難民事業本部表彰、相模原市社会福祉協議会表彰などを受ける。

特定非営利活動法人・インドシナ難民の明日を考える会
一九九〇年結成。日本定住インドシナ難民支援とインドシナ本国（特にカンボジア）支援を行う。
カンボジア王国復興貢献賞、神奈川県ボランタリー活動奨励賞、相模原市社会福祉協議会表彰を受ける。

ポル・ポトと三人の男

2016年12月20日　印刷
2017年１月10日　発行

著　者　永　瀬　一　哉
発行者　清　水　英　雄
発　行　揺　籃　社
〒192-0056 東京都八王子市追分町10-4-101
㈱清水工房内　TEL 042-620-2615
http://www.simizukobo.com/

ISBN978-4-89708-376-6 C0022
乱丁本はお取替いたします。